Sabine Grumann

Nach Lebensfreude sehnt sich die Erde

Eine spirituelle Herausforderung

Für
Ariane Conrad

Sabine Grumann, Dipl. Päd., Dipl. Theol.,
Analytische Kinder- und Jugendlichenpsychotherapeutin
(nach C. G. Jung), niedergelassen in eigener Praxis,
Dozentin am C. G. Jung-Institut Stuttgart, über viele
Jahre Arbeit als Pastoralreferentin mit Schwerpunkt
in der Trauer-, Krisen- und Krankenseelsorge sowie
der spirituellen Begleitung. Autorin der beiden
Bücher „Öffne dem Wunder Dein Ohr. Mit Musik
und Tanz dem Fluss des Lebens folgen" und „Hannas
Verwandlung. Von der spirituellen Symbolik des
weiblichen Körpers".

Sabine Grumann

Nach Lebensfreude sehnt sich die Erde

Eine spirituelle Herausforderung

opus magnum

Mein besonderer Dank geht an

Dorothee, Birgit, Marion,

Sabine, Steffi und Christiane,

die die Entstehung des Buches
auf unterschiedliche und vielfältige Weise
unterstützt haben.

Bibliografische Information der Deutschen Nationalbibliothek
Die Deutsche Nationalbibliothek verzeichnet diese
Publikation in der Deutschen Nationalbibliografie;
detaillierte bibliografische Daten sind im Internet über
http://dnb.d-nb.de abrufbar
© 2019 by opus magnum, Stuttgart
(www. opus-magnum.de)
Erstauflage, Version 1.01
Umschlagsgestaltung, Grafik und Layout: Dr. Lutz Müller
Unter Verwendung eines Fotos von I. Atamenko
Herstellung: BOD – Books on Demand GmbH., Norderstedt
Alle Rechte vorbehalten
ISBN 13: 978-3-95612-201-9

Inhalt

Einleitung

Indianisches Wiegenlied

Die Erde ist deine Mutter,
sie umfängt dich.
Der Himmel ist dein Vater,
er beschützt dich.
Schlafe, schlafe.
Regenbogen ist deine Schwester,
sie liebt dich.
Die Winde sind deine Brüder,
sie singen für dich.
Schlafe, schlafe.
Wir sind immer beieinander,
wir sind immer beieinander.
Es gab niemals eine Zeit,
als es nicht so war.

Leslie M. Silko,
*1948, Pueblo-Indianerin und Schriftstellerin
(zit. nach: Zink, 2008, S. 301 f.)

Liebe Leserin und lieber Leser,

ganz an den Anfang einer intensiven Beschäftigung mit der Suche nach Lebenspfaden der Freude, wie wir sie angesichts unserer Existenz als Lebewesen der Erde empfinden können, will ich einige wenige Impulse zur Inspiration stellen. Konnten wir im Vorbeigehen an frisch gepflügten Feldern schon einmal den Geruch von frischer Erde bewusst in uns aufnehmen? Ist uns irgendwann bewusst aufgefallen, wie sich die Natur im Frühjahr an allen Ecken und Enden erneuten Durchbruch verschafft? Bestellen wir ab und an mit Freude und Liebe unser eigenes Gärtlein (sofern wir selbst in Besitz von einem solchen sind)? Haben wir selbst schon einmal einen Baum gepflanzt? Haben wir uns schon einmal an den Händen gehalten und sind aus tiefem Herzen miteinander um den gepflanzten Baum herum getanzt? Haben wir schon einmal den Mut aufgebracht, echte und aufrichtige Schritte nach vorne und zurück zu tun, uns im Kreis zu drehen und miteinander das Leben zu feiern? Oder haben wir schon einmal miteinander Musik gelauscht, die die Freude über die Erde und unser Dasein auf ihr verstärkt zum Klingen bringt?

Bereits das einfache und intensive Hinhören, Hinschauen, Hinriechen, Hinschmecken, Hintasten, Hinbewegen können den Menschen die Erde und seine irdische Existenz als Wunder erkennen lassen, ganz unabhängig davon, ob alles zufällig entstanden ist oder nicht. Nach wie vor bleibt ungeklärt, ob das Ereignis des Menschseins und Bewusstseins bisher einzigartig ist in diesem Universum. Diese Erkenntnis des möglicherweise Besonderen wirft in mir verschiedene Fragen auf, zum Beispiel die, wie wir leben können, um unsere menschliche Existenz auf diesem Planeten richtig würdigen und uns für dieses Geschenk dankbar erweisen zu können. Damit einhergehend beschäftigt mich, ob die Erde in ihrer Einheit und Ganzheit als lebendiger Organismus vor dem Hintergrund des Universums hier und jetzt ein Sinn-Symbol für uns Menschen sein könnte. Wenn ja, was würde es bedeuten für uns selbst und unsere Lebenseinstellung, was für unser konkretes Sein und Handeln? Würde eine umfassende Beschäftigung mit der Erde eine vertiefte Beziehung zwischen uns Menschen und der Erde befördern? Wie können wir zu echter Lebensfreude und einer mit ihr einhergehenden Haltung der Achtung, der Ehrfurcht und des Respekts gegenüber uns selbst, der Erde, allen Menschen und Dingen unserer vernetzten Wirklichkeit finden?

Mir scheint, als ob vor allem die Begegnung mit der Freude am Anfang und am Ende eines derartigen Such- und Findungsprozesses steht. Im tiefsten Inneren sind wir nicht nur und vor allem Geschöpfe der Angst, sondern ebenso Geschöpfe der Freude. Ich halte sie für die grundlegende Emotion, die uns zu mehr Bezogenheit und Verbundenheit mit allem Inneren und Äußeren, zu mehr Solidarität, Mitgefühl und Selbstlosigkeit hinzuführen vermag. Freude will mitgeteilt und geteilt werden. In ihrem Ursprung ist sie gegenwärtig und zweckfrei. Zugleich motiviert sie zum bewussten Sein und Handeln. Um sich wirklich ereignen zu können, braucht die Freude ein intensives Verbundenheitserleben und die unbekümmerte Offenheit und Spontaneität des Kindes. Mit ihrer entgrenzenden, vitalen und transzendierenden Wirkung stärkt sie unser Selbstvertrauen und führt zu vertiefter Akzeptanz unserer selbst wie unserer Mit- und Umwelt.

Meinem Empfinden nach bilden Lebensfreude, Lebensbejahung und Dankbarkeit die Essenz, die sich als Lebenshaltung aus der intensiven Beschäftigung des Menschen mit der Erde entwickeln und das Handeln des Menschen im Außen bestimmen könnten. In diesem Sinne vermag bewusst ökologisches Handeln auf spirituellem Hintergrund vielleicht auch eine Tür in die Zukunft von Mensch und Erde zu öffnen. Anhand des Buches will ich versuchen, ein schöpferisches und spirituelles Suchen zu beschreiben, das Inspiration und Mut zu Lebensfreude, Lebensbejahung und Dankbarkeit im Hinblick auf uns selbst wie auf die Erde zum Ziel hat. Und ich würde mich im wahrsten Sinne des Wortes freuen, wenn mir das ein Stück weit gelingen würde.

Viel Freude und erhellende Momente beim Lesen!

Ihre Sabine Grumann

1. „Mutter Erde" oder die „Ich bin da"

Verschiedene naturwissenschaftliche Fachbereiche gehen davon aus, dass jegliches Leben im Wasser seinen Uranfang findet. Das langsame Heranreifen des menschlichen Embryos im Fruchtwasser der jeweiligen biologischen Mutter, womit sich beispielsweise Medizin, Biologie und Psychologie eingehender beschäftigen, lässt Parallelen zur evolutionären Forschung entdecken, die den Ursprung allen Lebens aus dem Wasser annimmt.

Erstes Leben war nach Meinung der Forscher (…) vor rund 3,8 bis vier Milliarden Jahren möglich. (…) Wasserdampf stieg in riesigen Mengen auf, kondensierte und fiel in sintflutartigen Regenfällen wieder herab. Aus den endlosen Wasserströmen (…) wurden die Urozeane geboren. Die Atmosphäre über den Meeren war gesättigt mit Kohlendioxid, und dichte Wolken verhüllten den Erdhimmel (…). Auf 150 Grad Celsius schätzen Wissenschaftler die damalige Temperatur des Meerwassers, in dem das irdische Leben entstand. Verschiedenste Theorien vom Ursprung des Lebens waren leicht erdacht, aber schwer zu belegen.

(Omphalius, 1996, S. 23)

Ähnlich wie die evolutionäre Forschung erzählen auch die Schöpfungsmythen seit Menschengedenken von der Entstehung allen Lebens aus dem Wasser, worin sich wiederum gewisse Parallelen zwischen Naturwissenschaft und Mythologie erkennen lassen. Zu den bekanntesten Schöpfungsmythen gehört die biblische Erzählung von der Erschaffung der Welt, wie sie sich im Buch Genesis des Alten Testamentes der Bibel findet.

> *Im Anfang schuf Gott Himmel und Erde;*
> *die Erde aber war wüst und wirr, Fins-*
> *ternis lag über der Urflut (…).*
>
> (Bibel, 1980, Gen 1,1-5)

In einer Erzählung aus dem antiken Griechenland heißt es:

> *Okeanos war ein Flussgott; Fluss oder Strom und*
> *Gott in einer Person, wie die übrigen Flussgötter auch.*
> *Unerschöpfliche Zeugungskraft besaß er gleichfalls*
> *wie unsere Flüsse, in deren Wasser die Griechen-*
> *mädchen vor ihrer Hochzeit badeten, und die daher*
> *auch als Stammväter alter Geschlechter galten. Doch*
> *war Okeanos kein gewöhnlicher Flussgott, da sein*
> *Strom kein gewöhnlicher Strom war. Nachdem alles*
> *aus ihm seinen Ursprung genommen hat, fließt er*
> *immer noch, am äußersten Rand der Erde, in sich*
> *zurückströmend, im Kreise. Die Flüsse, Quellen*
> *und Brunnen, ja das ganze Meer, alle entsprin-*
> *gen fortwährend seinem breiten, starken Strom.*
>
> (Kerenyi, 1977, S. 19)

Und im Popol Vuh, dem heiligen Buch der südamerikanischen, von den Spaniern fast ausgerotteten Mayas findet sich:

(…) Überall Flachheit und Leere –
nur das Meer, einsam und ohne Atem.
(Lissner, Rauchwetter, 1982, S. 225)

Die archetypischen Motive der Schöpfungsgeschichten ähneln sich bis auf nationale und kulturelle Besonderheiten bei allen Völkern. Die Vorstellungen des Menschen über die Entstehung des Kosmos lassen ihn etwas erahnen von der Überwindung innerer und äußerer Zerrissenheit und Spaltung hin zu einer tiefen Verbundenheit aller Kräfte, Dinge und Lebewesen miteinander.

Mit seinen fünf Sinnen, dem Hören, Sehen, Tasten, Schmecken und Riechen ist es dem Menschen möglich, die Erde und was auf ihr lebt als existent wahrzunehmen. Er erfährt einen Sinnesreiz, den er mit Hilfe der Sinnesorgane wahrzunehmen imstande ist. Die anschließende kognitive Verarbeitung ermöglicht ihm, eine entsprechende Auffassung über ihn zu gewinnen. Wenn es um das Hören geht, wird von der akustischen, beim Sehen von der optischen, beim Riechen von der olfaktorischen, beim Schmecken von der gustatorischen, beim Tasten von der taktilen oder haptischen Wahrnehmung gesprochen. Erst nach den in der „Ursuppe“ des Mutterleibs heranreifenden Fähigkeiten des Wahrnehmens und Empfindens prägen sich bis ins Alter von fünf, sechs Jahren im Kind die Fähigkeiten, zu fühlen, zu denken und zu intuieren aus. Der mittelalterliche Mystiker Meister Eckhart beschreibt die Funktion der Sinne folgendermaßen:

Die Augen und die Ohren und die fünf Sinne,
das sind die Stege,
auf denen die Seele ausgeht in die Welt,
und auf diesen Stegen
kommt die Welt wiederum zur Seele.
(Eckhart, 1985, EW I, S. 358)

Während der frühe Mensch die Erde und was auf ihr lebt aufgrund seines evolutionären Entwicklungsstandes und seiner damit einhergehenden stark begrenzten technischen Möglichkeiten vor allem aus einer sehr nahen, ganzheitlichen Perspektive heraus wahrzunehmen vermochte, gelang es ihm im Laufe seiner persönlichen und kulturellen Weiterentwicklung und der mit ihr einhergehenden technischen Fortschrittlichkeit zunehmend, auch distanziertere und differenziertere Blickwinkel einzunehmen. Zum Beispiel fingen Höhlenforscher an, sich detailliert mit der Entstehung und Veränderung von Höhlen, mit ihren hydrographischen, meteorologischen und biologischen Verhältnissen, mit abgelagerten

Sedimenten als Zeugnissen der Vergangenheit zu beschäftigen.

Mitte des 19. Jahrhunderts etablierte sich die Tiefseeforschung als Teilgebiet der Meeresforschung. Sie beschäftigt sich speziell mit der Physik und Chemie des Meerwassers, der Beschaffenheit des Meeresbodens und der Lebenswelt in der Tiefsee. Dem Menschen wurde es möglich, in immer tiefere Tiefen der Erde auf technisch professionelle Weise vorzudringen und diese in wachsender Detailliertheit und Differenziertheit zu erkunden.

Der Forschergeist des Menschen konzentrierte sich neben den angestrebten Erkenntnissen der Tiefe ebenso auf Erfahrungen der Höhe. Es drängte ihn zusehends, die Erde nicht nur hinsichtlich ihrer inneren Beschaffenheit, sondern ebenso in Bezug auf ihre äußere Erscheinung und ihren Platz im Universum zu erkunden. So wurde Astronauten und Kosmonauten der Blick auf die Erde aus einer weitaus größeren Entfernung möglich, als ihn die Piloten der ersten Flugobjekte vermutlich erlebten. Etwa 1945 begann die Entwicklung der modernen Raketentechnik in den USA und der UdSSR. Sie wuchs damals vor allem aus den Erfahrungen heraus, die der Mensch im Kontext der militärisch ausgerichteten Großraumraketenentwicklungen des Zweiten Weltkrieges erworben hatte. Heute senden auch viele weitere Länder und internationale Organisationen Satelliten in den Weltraum.

Je tiefer der Mensch die Erde zu erforschen vermochte, desto mehr wuchs gleichzeitig auch seine Fähigkeit, Blickwinkel mit zunehmend größerer Distanz ihr gegenüber einzunehmen. Das Wahrnehmen mit dem Auge gewann dabei an immer größerer Bedeutung. Die anderen vier Sinne hingegen traten nach und nach in den Hintergrund. Das Sehen und Schauen ist diejenige Sinneswahrnehmung, die am Intensivsten mit der Bewusstseinsfähigkeit verbunden ist.

Der Mensch braucht die Fähigkeit, über sich selbst als sinnliches und fühlendes Wesen reflektieren zu können. Nur so kann er das ganzheitliche Phänomen der menschlichen Existenz bewusst verstehen und seine Teilhabe am kosmischen Geschehen begreifen lernen. Das macht es ihm möglich, seine Beziehung zur Erde zu klären, die mit den dem jeweiligen Entwicklungsstand einhergehenden Wahrnehmungsmöglichkeiten korrespondiert.

Somit gibt es auch einen engen Zusammenhang der biologischen Sinneswahrnehmung mit dem Auge und seiner symbolischen Bedeutung. Diese sieht das Auge als archetypisches Sinnbild an, das seelische und geistige Inhalte zu erkennen, auszudrücken und miteinander zu verknüpfen vermag.

Versucht der heutige Mensch, die Erde aus allen ihm hier und jetzt zugänglichen Perspektiven heraus wahrzunehmen, wird er vermutlich ganz unterschiedliche Erfahrungen dabei machen. Es wird ein Unterschied für ihn sein, ob er sich auf den Erdboden niederlegt oder ob er Erde in die geöffnete Handinnenfläche hinein nimmt, ob er eine Blume pflückt, Blätter von der Erde aufsammelt oder ob er auf niedrigere und höhere Bäume zu klettern versucht. Es wird einen Unterschied machen, ob er barfuß durch die Wälder streift oder ob er mit schweren Wanderstiefeln tiefe Täler und hohe Berge erklimmt. Es wird einen Unterschied machen, ob er Ameisen auf seinem Arm herum krabbeln lässt, eine Katze streichelt oder den Affen im Käfig des Zoos betrachtet. Es wird einen Unterschied machen, ob er sein Gesicht in den vom Himmel fallenden Regen hält, dem Wind sein Gehör schenkt oder den Wechsel von Ebbe und Flut im Fernsehbildschirm verfolgt. Es wird einen Unterschied machen, ob er im Flugzeug sitzend einzelne Landstriche betrachtet und dabei die dem jeweiligen Landstrich inne wohnende Oberflächenbeschaffenheit von Bergen, Tälern, Ozeanen, Wüsten, Steppen und Wäldern zu schauen vermag oder ob er in einem Raumfahrzeug sitzt, aus dem heraus er auf die Erde mit dreißigtausend Kilometern Abstand blicken kann.

Im letzteren Fall wird er sie vermutlich als eine ganze und runde Einheit erfahren. In den anderen Fällen nimmt er Ausschnitte von ihr wahr, kleinere und größere, differenziertere und gröbere. Um die Existenz der Erde zu erfahren, bleibt es weitgehend unerheblich, aus welcher Perspektive heraus der Mensch sie wahrnimmt. Jede Perspektive vermag ihm Aspekte ihres Daseins zu vermitteln. Die Erde mit den nackten Füßen zu spüren und zu fühlen, eine bestimmte Landschaft in einem Flugzeug sitzend zu betrachten oder die Erde aus dem Weltraum heraus anzuschauen, wird aufgrund der Verschiedenheit der Erfahrung allerdings ein jeweils eigenes Verständnis von ihr und eine je eigene Gestalt von Beziehung zu ihr befördern. Dabei ist auch zu berücksichtigen, dass es dem heutigen Menschen in der Gesamtheit seiner Existenz möglich sein sollte, alle genannten Perspektiven einzunehmen, diejenigen der vorangegangenen Kulturen genau so wie die ganz neue globale, im Blick auf eine jahrtausendealte Geschichte bisher noch nicht da gewesene.

Es lässt sich fragen, ob der moderne Mensch die sich ihm neu eröffnende globale Perspektive in ihren sinnstiftenden Möglichkeiten, Grenzen und Konsequenzen mit seinen ihm zur Verfügung stehenden Fähigkeiten des Forschens und Entdeckens, des Wahrnehmens, Erfahrens, Spürens und Fühlens, des Fantasierens, Träumens, Denkens und Reflektierens, des Sinngebens und Sinnerkennens voll und ganz ausschöpft. Auch lässt sich überlegen, ob er die kulturell vorangegangenen Perspektiven im Sinne einer Zusammenführung aller ihm diesbezüglich möglichen Erfahrungen hinreichend einbezieht. Der Analytische Psychologe und Psychotherapeut

Theodor Seifert sieht die Antwort auf die gestellten Fragen kritisch. Er bemerkt:

> *Uralte Vorstellungen haben bis heute ihre Kraft behalten. Und wer wünschte nicht, sie hätten es in viel größerem Maße getan? Ob wir wohl unsere Wälder abholzten, die Bäume so gedankenlos zerstörten, wenn wir uns noch vor jedem Baum verneigten, ehe wir ihn fällen? Oder wenn wir uns bei einem Tier, das wir zu unserer Ernährung töten müssen, entschuldigten? Das war einmal selbstverständlich, als wir noch Kinder der Mutter Erde waren, ihre Geschöpfe unsere Geschwister. Die Vorstellungen, dass wir erdgeboren sind, sind uralt.*
> (Seifert, 1986, S. 87)

Das weitgehende Ausschöpfen aller bisher da gewesenen Perspektiven einschließlich der sich neu eröffnenden globalen würde dem Menschen wahrscheinlich ein Greifen und Begreifen der Erde wie seiner selbst ermöglichen, wie es in seiner Weite und Tiefe bisher noch nicht da gewesen ist. Imstande zu sein, die Existenz der Erde mit allen Sinnen wahrzunehmen, dabei Faszination und Schrecken zu erleben, das Phänomen bedenken und reflektieren zu können sowie Sinn im symbolischen Verstehen ihrer Existenz zu erfahren, gehören offenkundig zu den einzigartigen Möglichkeiten und Fähigkeiten des Menschen. Sie machen sichtbar, wie eng unsere Sinnesqualitäten mit der Suche nach dem Sinn verbunden sind. Die Möglichkeiten und Fähigkeiten des Menschen sind wie eine Einladung an ihn, würdevoll, verantwortungsbewusst und dankbar in Bezogenheit auf die Erde zu handeln.

2. Von der kulturellen Evolution zur Bewusstseins-Evolution

Im Kontext der evolutionären Fortentwicklung schreitet auch die Bewusstseinsentwicklung des Menschen kontinuierlich voran. Mit ihr einhergehend verändert sich das Erleben seines Selbst, sein Verhältnis zur Mitwelt, Umwelt und der inneren Welt, seine Bezogenheit auf das Transzendente kontinuierlich weiter. Zum Verständnis des Selbst existieren hierbei verschiedene Auffassungen.

Im ursprünglichen Sinne des Schweizer Tiefenpsychologen, Psychiaters, Psychotherapeuten und Begründers der Analytischen Psychologie Carl Gustav Jungs (1875-1961) wird unter dem Selbst die bio-psycho-soziale Einheit und Ganzheit des Menschen einschließlich all ihrer Paradoxien, die sie mit sich bringt, ihren komplexen und bisweilen komplizierten Wechselwirkungen in Bezug auf die Mitwelt und Umwelt, ihrer evolutionären Vergangenheit und offenen Zukunft, ihres schöpferischen Potentials mit seiner progressiven Ausrichtung auf weitest mögliche Entfaltung hin verstanden. Es umfasst Bewusstes und Unbewusstes, Körperliches wie Psychisches, Inneres und Äußeres, Individuelles und Kollektives, Weibliches und Männliches, Helles und Dunkles. Das Selbst im jungianischen Sinne kann auch als Ur- oder Basis-Archetyp verstanden werden. Jung bezeichnet es als „Gott in uns" (GW 7, § 399). In allen Kulturen ist eine vergleichbare Idee zu finden, die von einer allumfassenden Einheit und Ganzheit der Existenz ausgeht, aus der heraus sich die individuelle Existenz nach und nach entfaltet.

Beispielsweise spricht der französische Jesuitenpater, Geologe und Paläontologe Teilhard de Chardin (1881-1955) im Zusammenhang mit der Entstehung des Menschen von einer neuen Dimension, in die hinein sich der evolutionäre Prozess weiter entwickelt. Er geht von einer parallelen, sich gegenseitig durchdringenden, Entwicklung des Menschen und des Universums aus im Sinne der Selbst-Entfaltung des Universums im individuellen Menschen.

Die Idee des sich im einzelnen Menschen inkarnierenden Göttlichen ist bereits uralt. Sie findet sich im archetypischen Motiv des kosmischen Menschen, das in beinahe allen Kulturen in irgendeiner Art und Weise auftaucht, in der mikro- und makrokosmischen Sicht der Dinge, die in den mittelalterlich hermetischen Traditionen ihren Ursprung findet, großenteils auch in den mystischen Strömungen vieler Religionen, in der aktuellen Suche des Menschen nach einer Weltethik und globalen Weltsicht. Die mittlerweile weltweite Vernetzung des Menschen durch die technische Fortentwicklung des

Internet spiegelt möglicherweise ebenso etwas von diesem uralten Motiv und seiner bis in die heutige Zeit reichenden Wirksamkeit und Bedeutung wider.

Für Jung ist das Selbst in seiner Unanschaulichkeit zugleich die alles bestimmende Größe der Psyche, ihr verborgenes Anordnungszentrum. Seiner Auffassung nach ist der größte Teil des Selbst für den Menschen unbewusst. Im Laufe seines Lebens vermag er nur einen Bruchteil davon in sein Bewusstsein zu heben, was mit sich bringt, dass er mehr weiß, wer er nicht ist als wer er ist. Sein in ihm angelegtes Sehnen nach Bewusstwerdung lässt ihn angewiesen sein auf ein symbolisches Verstehen des Lebens, wie es sich dem Menschen vor allem in seinen Sehnsüchten, Wünschen, Träumen und Fantasien offenbart. Nur auf diesem Wege kann er aus Jungs Perspektive heraus eine wirkliche Ahnung bekommen von seiner Selbst-Ganzheit und wenigstens ansatzweise erfahren und begreifen, wer er eigentlich ist.

Zu den wichtigsten Symbolen, in denen sich das Selbst dem Menschen sowohl im Verlauf einer langen Kulturgeschichte, als auch im eigenen Inneren, beispielsweise im Kontext seiner Träume, durch Meditation oder Musik, offenbart, gehört die Erdkugel.

Im Folgenden will ich versuchen, die Fortentwicklung des menschlichen Bewusstseins in vier leicht überschaubaren Phasen darzustellen und die mit jeder Entwicklungsphase einhergehende Einstellung des Menschen zur Erde und Natur zu beschreiben. Ich orientiere mich hierbei insbesondere an Jean Gebser (1949), Erich Neumann (1949), Willy Obrist (2006) und Ken Wilber (2004).

Die Phase des archaisch-symbiotischen Welt- und Selbsterlebens

Der archaische Mensch ist und handelt noch ganz in der Ununterschiedenheit mit allem Seienden. Er kann kaum unterscheiden und differenzieren. Seine Existenz kennt nicht Ich und Du, nicht Innen und Außen. Vielmehr nimmt er die Welt und sich selbst als vorwiegend unbewusste Ganzheit wahr. Sein intensives Verbundenheitserleben lässt ihn die Einheit mit allem Seienden in unbewusster Weise erfahren, so auch und ganz besonders mit der Natur und der Erde, auf der er lebt. Der Tiefenpsychologe Erich Neumann, der sich umfassend mit der Bewusstseinsentwicklung des Menschen beschäftigt hat, spricht im Kontext seiner reichhaltigen mythologischen Forschungsarbeit vom Symbol des „Uroboros“. In ihren mythologischen Vorstellungen verbanden die Menschen mit dem „Uroboros“, der Kreisschlange, die sich selbst in den Schwanz beißt, den beständigen Rhythmus von Werden-Sterben-Werden, in den alles Leben, so auch der Mensch, im ewigen, sich immer wieder von Neuem wiederholenden Kreislauf eingebunden ist.

Die Phase des magisch-mythischen Welt- und Selbsterlebens

Ganz langsam entwickelt sich im Menschen die Fähigkeit zu unterscheiden. Er beginnt zu differenzieren zwischen Subjekt und Objekt, zwischen sich selbst und seiner Mitwelt und Umwelt, zwischen Vergangenheit und Zukunft. Allerdings geht diese Entwicklung nur mühsam voran, da der Mensch nur punktuell, einem Lichtblitz gleich, über die Fähigkeit zur klaren Unterscheidung verfügt. Immer wieder versinkt sein sich ganz langsam herausbildendes Bewusstsein im Urmeer des Unbewussten. Das nur langsame und mühsame Erwachen des Bewusstseins macht es dem in der frühen Phase des magisch-mythischen Welt- und Selbsterlebens beheimateten Menschen kaum möglich, Anteile seiner selbst als zu ihm gehörig zu erleben. Stattdessen erscheinen sie ihm entsprechend den animistischen Vorstellungen in Form von ungeheuren Kräften, von Dämonen und sonstigen Wesen, die Macht über ihn ausüben oder gewinnen möchten, im Außen. Und er vermag zu diesem Zeitpunkt nicht, die abgespaltenen Seiten in sich zu integrieren. Gleichzeitig erlebt er die äußere Welt als von sich selbst mehr oder weniger abhängig. Sein großenteils egozentriertes Dasein lässt ihn beinahe alles, was ihm widerfährt, stark auf sich selbst beziehen.

Mythologisch betrachtet sieht Neumann den Menschen dieser Zeit noch ganz im Bannkreis der „„Großen Mutter““ als biologisch-nährender, Geborgenheit schenkender, Wachstum und Leben fördernder, zugleich verschlingender Urgrund allen Seins. Die Symbolik dieses Archetyps werde ich an anderer Stelle des Buches wiederholt aufgreifen und gerade mit Blick auf die Erde ausführlicher und detaillierter noch behandeln. Der Mensch erlebt sich vorwiegend als zur „„Großen Mutter““ gehörig, als Teil von ihr bestimmt und dominiert. Denn sein Ich verfügt noch kaum über Eigenständigkeit. Mit Hilfe magischer Praktiken glaubt der Mensch in dieser Phase der Bewusstseinsentwicklung die Welt außerhalb seiner selbst beeinflussen zu können. Daher wird der entsprechende Bewusstseinszustand auch als magisch bezeichnet.

Mit voranschreitender Entwicklung beginnt der Mensch immer mehr zu spüren, dass seine tatsächliche Macht und seine Möglichkeiten in Anbetracht der Natur des Lebens sehr begrenzt sind. Das lässt ihn notgedrungen seine Omnipotenzfantasien etwas zurück nehmen. Dafür entdeckt er neue Begabungen. Seine Wahrnehmung der Welt und des Selbst beginnen ein Stück weit realistischer zu werden. Die eigene Handlungsfreiheit wächst. Seine schöpferischen Fähigkeiten beginnen erst richtig zu erwachen. Sein Sprach- und Denkvermögen nimmt Gestalt an. Mit einem Mal beginnt er über seine Existenz nachzusinnen. Er überlegt, wo alles Seiende, einschließlich seiner selbst, seinen Ursprung hat und wohin es wieder eingeht. Ihn beginnen die Vorgänge in der Natur, im Tier und in seinem Körper zu beschäftigen. Er denkt über die Notwendigkeit der Nahrungsaufnahme nach, über Sexualität und über die unterschiedlichen Geschlechter von Mann und Frau. In seinem Kopf fängt er an, die großen existentiellen Fragen zu bewegen und nach dem Sinn des Lebens zu suchen.

Dabei nimmt die mythologische Bilder- und Vorstellungswelt reichhaltige Gestalt an. Sie wird vom Menschen vorwiegend konkretistisch interpretiert. Religiöse Riten und symbolische Rituale gewinnen zunehmend an Bedeutung. Nach wie vor ist für den Menschen die Wahrnehmung seiner selbst und der Welt von vielen und reichhaltigen Projektionen geprägt. Doch es glückt ihm ein Stück weit mehr, die Eigengesetzlichkeit des Lebens zu begreifen, sowohl, was seine Mitwelt und Umwelt anbetrifft, als auch ihn selbst. Mythologisch geht es in diesem Entwicklungsschritt des Menschen um die Symbolik der „Weltelterntrennung". In den Vorstellungen der Menschen entstand durch die Trennung der Ureltern die Zweiheit, das Gegensatzprinzip, die Unterscheidung von Ich-Bewusstsein und Unbewusstem. Sie erlebten den Verlust der Ganzheit als sogenannten „Urverlust".

Das Sinnbild des „Großen Vaters", das ich an anderer Stelle ebenfalls noch eingehender zu beschreiben versuchen werde, löst sich nach und nach aus seiner Einheit mit dem Archetyp der „„Großen Mutter"" heraus. Im Kontext der verschiedentlich beschriebenen Bewusstseinsentwicklung des Menschen wird dieser Zustand auch als mythisch bezeichnet. Der Mensch ist jetzt weniger egozentrisch bestimmt. Im Vordergrund ist stattdessen ein zunehmender Soziozentrismus anzunehmen, der den Menschen zum Gruppenwesen werden lässt. Er beginnt kulturschaffend zu wirken. Das Erleben in der Gruppe steht für ihn ab jetzt im Vordergrund. Er versteht sich als Teil der Gruppe oder Gesellschaft, in der er lebt, und identifiziert sich mit ihr. Ebenso mit dem dazugehörigem Regel- und Glaubenssystem, das sich beispielsweise zeigt im Aufstellen von Tabus, von Gut- und Böse-Haltungen, um das Bewusstsein vom Unbewussten abzugrenzen. Triebhaftes Handeln wird unbewusst ersetzt durch wissendes Tun. Ein Mensch, der nicht Teil der Gruppe ist, wird als ängstigend und bedrohlich wahrgenommen.

Die Phase des mental-rationalen Welt- und Selbsterlebens

Das Bewusstsein des Menschen entwickelt sich weiter. Zunehmend gelingt es ihm, sich aus seiner Abhängigkeit von den äußeren Mächten der Natur und von den inneren trieb- und instinkthaften Bestrebungen seiner Seele herauszulösen, in denen er sich nach wie vor gefangen sieht. Sein Ich wird stabiler. Mit der sich zunehmend entwickelnden Ich-Stabilität geht die wachsende Fähigkeit der Selbst- und der Weltbemächtigung einher. Der Mensch erlebt sich plötzlich viel autonomer. Er fühlt sich befreit von Ängsten und Zwängen, die das magische und mythische Welt- und Selbsterleben mit sich brachte. Vernunft und Logik gewinnen an Bedeutsamkeit. Für den Menschen dieser Bewusstwerdungsphase rückt der Anspruch wissenschaftlicher Beweisbarkeit stärker in den Vordergrund, während magisches und mythisches Erleben immer weiter in den Hintergrund treten. Im Menschen wächst die Fähigkeit, einen unpersönlichen, über die Grenzen seiner selbst hinausreichenden, Standpunkt einzunehmen. Die neu heranwachsende Fähigkeit des Menschen schafft die Grundlage zur freien und demokratischen Entwicklung der Persönlichkeit. Das sich dabei kontinuierlich herauskristallisierende rationale Bewusstsein ebnet der abendländischen Philosophie und Kultur die Bahn.

Mit der fortschreitenden rationalen Entwicklung und dem wachsenden Denk- und Reflexionsvermögen einhergehend wird der Mensch zusehends entfremdet von seinem Ursprung, der Ganzheit und Einheit allen Seins. Die neu erworbenen Fähigkeiten des Menschen zur Unterscheidung, Polarisierung und Abwehr all dessen, was sich im Unbewussten seiner selbst bemerkbar machen möchte, begünstigen die Verselbstständigung triebhafter, emotionaler und transpersonaler Aspekte seiner Persönlichkeit. Alles, was nicht der Ratio entspringt, wird abgewertet oder gar für nichtig erklärt. Dazu gehören eben die sinnlichen Erfahrungen, trieb- und instinkthafte Strebungen, emotionales Erleben, schöpferische Fähigkeiten und kreative Begabungen, intuitives Wissen. Der Mensch wird reduziert auf einen Bruchteil dessen, was ihn in seiner Ganzheit ausmacht. Die ursprüngliche Einheit mit allem Seienden, mit dem Archetyp der „Großen Mutter", gerät in Vergessenheit.

Die Phase des integral-transpersonalen Welt- und Selbsterlebens

Die verloren gegangene Anbindung an die bis tief ins Unbewusste hinein verdrängten Anteile seiner selbst führt den Menschen aus seiner Einseitigkeit und Einsamkeit heraus, in welche er durch die zunehmende Abwehr und Abspaltung derselben im

Kontext der über einen so langen Zeitraum hinweg vorherrschenden Ratio geraten ist. Somit wird das Ich-Bewusstsein, das sich in der rationalen Phase des Welt- und Selbsterlebens herausgebildet hat, zum Selbst-Bewusstsein hin erweitert. Der Mensch erlebt sich nicht mehr polar zerrissen, sondern erneut verbunden mit seinem Ursprung. Er erkennt zunehmend die gegenseitige Abhängigkeit von Mensch und Erde und braucht die Paradoxien und Polaritäten der Welt und seiner selbst nicht mehr gegeneinander auszuspielen. Vielmehr erfährt er sie als in sich stimmige Ganzheit und Einheit, die getragen wird von einem alles umfassenden und durchdringenden Urgrund jeglichen Seins. Dieser Vorgang wird auch als integral-transpersonales Welt- und Selbsterleben bezeichnet und trägt eine kulturelle und eine spirituelle Dimension in sich.

Zentral für diesen neuen Schritt der Bewusstseinsentwicklung ist die wachsende Rücknahme von Projektionen und deren Integration in die eigene Psyche. Der Mensch ist zunehmend fähig, die von ihm nach außen projizierten Seeleninhalte durch Introspektion, Kontemplation und Meditation als zu sich gehörig zu erkennen und auch zu sich zu nehmen. Er fängt an zu begreifen, dass all die Dämonen und Geister der Welt und Natur symbolische Entsprechungen im Inneren seiner Psyche finden. Im Rahmen dieser aktuell anstehenden

Entwicklungsaufgabe wird das frühe Erleben des archaischen Menschen im noch großenteils von Einseitigkeit und Selbstentfremdung geprägten rationalen Menschen der abendländischen Kultur um die zunehmend klare Erkenntnis der Welt und des Selbst erweitert. Das Wissen um die Möglichkeit und Fähigkeit des Menschen zu einem derartigen Erkennen ist in nahezu allen Religionen der Welt, insbesondere in deren jeweiligen mystischen Strömungen, vorhanden. Einhergehend mit seiner wachsenden Entwicklung reift auch ein neues Erden-Bewusstsein heran. Der Psychologe und Bewusstseinsforscher Christian Brehmer spricht von der „supramentalen Evolution", aus der das kosmische Bewusstsein hervorgeht.

In der STILLE ruht zwar das SELBST in sich selbst, aber es ist eine dynamische Stille, die auf das Werden ausgerichtet ist. Sie trägt die Sehnsucht in sich, sich nicht nur zu erfahren, sondern sich in der Materie auch zu verwirklichen. Das SELBST möchte sich nicht mehr verlieren, es will auch im Alltag präsent sein, sich in der dynamischen Handlung erleben und ihr als kosmisches Bewusstsein eine ganzheitliche Orientierung geben. Es erkennt, dass die Umwelt Teil seiner selbst ist, und es will seine Freude teilen. Im Menschen, durch den Menschen, für den Menschen und für die Schöpfung vollendet sich die Evolution.

(Brehmer, 2008, S. 136)

3. Vom Wert der Erde

Die ökologische Krise: End- oder Wendepunkt?

Das Wort Ökologie lässt sich aus dem Griechischen ableiten. Als feststehender Begriff wurde es 1866 von Ernst Haeckel geprägt. Ökologie setzt sich zusammen aus den beiden griechischen Worten „oikos" und „logos". „Oikos" ist das Haus, die Wohnstatt, der Tempel, die Höhle. „Oikos" ist Besitz und Vermögen. „Oikos" ist auch die Familie und Wohngemeinschaft, die Leben voraussetzt. Alles in allem spiegelt sich in „oikos" etwas wie Heimat (vgl. Gemoll, 1979).

Seit Ende des eiszeitlichen Jägernomadismus ist „oikos" daher auch Symbol der existentiellen Mitte für den seßhaft werdenden Menschen. „Logos" ist das Sprechen, der ins Wort gefasste Gedanke, die mündliche Mitteilung. „Logos" ist zugleich die Erlaubnis zum Reden. „Logos" ist das Berechnen und Rechenschaft geben. In ihm steckt das Wissen um das Maß aller Dinge. „Logos" umfasst das menschliche Denk- und Reflexionsvermögen, die Fähigkeit zur Ordnung, Erkenntnis und Vernunft (vgl. ebd.).

In der Mythologie und Symbolkunde wird „logos" oft mit dem Symbol des „Großen Vaters" in Verbindung gebracht. Das Johannesevangelium des Neuen Testaments der Bibel beginnt mit dem Vers

„Im Anfang war das Wort" (Bibel, 1980, Joh 1,1). Vermutlich ist mit dem Wort hier ursprünglich die Tonsubstanz im Sinne archetypischer Laut-Symbole gemeint, welche als akustische Manifestationen bestimmter Bewusstseins- und Schwingungszustände verstanden werden können.

Die Menschen erkannten sehr früh die bewusstseinsverändernde Kraft von Lautsilben. Mythologischem und psychosymbolischem Verständnis nach gehört „oikos" in den Bereich des „Weiblichen", während „logos" dem Bereich des „Männlichen" zugeordnet wird. Was mit dem „weiblichen und männlichen Prinzip" hierbei gemeint sein soll, wird im fortlaufenden Kapitel eingehender erklärt werden.

Als wichtiges Resümee an dieser Stelle lässt sich zusammenfassen, dass der Begriff Ökologie aus tiefenpsychologischer Perspektive heraus betrachtet, ganz unterschiedliche Aspekte in sich vereint. Offenbar bedingen sie sich gegenseitig. Haus und Gemeinschaft brauchen die Fähigkeit zum Denken, Reflektieren, Ordnen und umgekehrt. Ordnung und Vernunft brauchen eine Wärme und Geborgenheit schenkende Wohnstatt. Einen anderen inhaltlichen Akzent bezeichnet das griechische Wort „nomos", das uns im Begriff der Ökonomie begegnet. „Nomos" ist der Brauch, die Sitte, auch die Satzung und das Gesetz (vgl. ebd.). „Nomos" bedarf des „logos". Ohne Existenz des „logos" wären die kulturschaffenden Möglichkeiten des „nomos" nicht gegeben. Im Zusammenhang mit der Erde von Ökologie zu sprechen, legt ein Verstehen und Anerkennen ihrer selbst als „oikos" nahe. Das heißt, ökologischem Verständnis nach ist die Erde eine lebendige Wohnstatt und Wohngemeinschaft, die im Blick auf den „logos" der Ordnung, Reflexion und Sinngebung bedarf sowie des Wortes als ein nach außen, in die Welt hinein, ausgedrücktes Erkennen.

Auch das Wort Krise lässt sich aus dem Griechischen ableiten. „Krisis" ist die Scheidung, der Zwiespalt, der Streit. „Krisis" ist auch die Wahl und Entscheidung, der Höhe- und Wendepunkt (vgl. Gemoll, 1979). Es ist der Moment, in dem die Dinge eine neue und andere Richtung nehmen. „Krisis" beinhaltet Bewegung und Veränderung. In Verbindung mit dem Begriff der Ökologie ist von einem Wendepunkt auszugehen, der sich auf die Erde und die auf ihr lebende Gemeinschaft bezieht. Rudolf Kaiser, der sich intensiv mit der indianischen Kultur beschäftigt hat, stellt fest,

(…) dass es einen Zusammenhang zwischen religiöser Weltanschauung, sozialer Ordnung und den Umweltbeziehungen gibt; dass alle Dinge – die Menschen eingeschlossen – miteinander verbunden sind und durch ihre Wechselbeziehungen und gegenseitigen Abhängigkeiten in einer empfindlichen Balance zueinander stehen; dass deshalb alles, was wir den Dingen

*antun, in irgendeiner Form auf uns zurückwirkt;
dass also eine Haltung der Achtung, der Ehrfurcht,
des Respekts – nicht nur gegenüber Gott und den
Menschen, sondern gegenüber allen Dingen unserer
vernetzten Wirklichkeit – das Gebot der Stunde ist.*

(Kaiser, 1990, S. 16)

Kaisers Begriff der „empfindlichen Balance" gerät entgegen seiner Vision in den vergangenen Jahren ganz offensichtlich weiter und weiter aus dem Gleichgewicht. Naturkatastrophen nehmen zu. Überschwemmungen, Erdbeben, Vulkanausbrüche, Orkane gehören beinahe zur Tagesordnung. Die Klimaerwärmung schreitet voran. Es kommt einem fast so vor, als bäume sich die Erde aus Wut und Verzweiflung auf gegen die Respekt- und Achtungslosigkeit, die ihr vom Menschen entgegengebracht wird. Jener ist es wohl, der verantwortlich dafür ist, dass das Trinkwasser knapper wird und zunehmend verseucht ist. Die von ihm durch alle möglichen Chemikalien vergiftete Erde bringt augenscheinlich immer mehr vergiftete Nahrung hervor. Tier- und Pflanzenwelt werden durch ihn zerstört. Viele Arten sind mittlerweile vom Aussterben bedroht. Das Waldsterben, die Vernichtung der Regenwälder, das Artensterben schreiten voran.

Während in der westlichen Philosophie und den Naturwissenschaften der Neuzeit die Natur größenteils gegensätzlich zur Kultur betrachtet wurde, kristallisiert sich mit Beginn des 21. Jahrhunderts die

Natur und ihr Zustand im Hier und Jetzt zunehmend als Ergebnis der historischen Nutzung des Menschen heraus. Langsam beginnt der Mensch zu erkennen, dass Erde und Natur nicht unberührt und unabhängig von ihm und seinem Einfluss auf sie existieren. Auch fängt er an zu begreifen, dass sie nicht auf den Aspekt einer Ressourcenstätte reduziert werden kann, die er für sich beliebig nutzt. Vielmehr trägt sie einen eigenen Wert in sich, wie ihn gerade auch die junge Wissenschaft der Tiefenökologie betont (vgl. z.B. Kreuder, 2013).

Und alles, was auf ihr lebt, ist in seiner ganzen Vielfalt und Komplexität untrennbar miteinander vernetzt. Möglicherweise trägt eine solch ganzheitliche Betrachtungsweise, wie auch Kaiser (1990) sie beschreibt, aktuell mehr noch zur weiteren Zuspitzung als zur Entspannung der Krise bei. Denn sie drängt den Menschen regelrecht in die Entscheidung, sich entweder weiterhin getrennt und als Gegenüber von Erde und Natur oder aber als Teil ihrer selbst ganz neu zu begreifen.

Neben der ökologischen Krise wachsen auch die soziale und die wirtschaftliche Krise weiter. Einhergehend mit dem Zerfall der Erde scheint auch der Zerfall der menschlichen Existenz voranzuschreiten. Mord, Totschlag, Krieg, Verwüstung und Flucht gehören zur Tagesordnung. Es kann einem so vorkommen, als beraube sich der Mensch in rasender Geschwindigkeit, entschlossen und zielstrebig, seiner menschlichen Lebendigkeit. Erkrankungen mit psychisch und physisch tödlichem Ausgang nehmen deutlich zu. Offensichtlich ist die abendländische Kultur leer und hohl geworden. Sinn- und Hilflosigkeit, fehlende Orientierung und spirituelle Armut prägen das Dasein des modernen westlichen Menschen. Die traditionellen Glaubenssysteme werden in Anbetracht der globalen Krise als weitgehend haltlos erlebt.

Der Tiefenpsychologe Hans Dieckmann (1988) spricht von verschiedenen Regelkreisen, die die ökologische Krise für den Menschen so bedrohlich machen. Er stellt dabei fünf Regelkreise heraus, die er als die wichtigsten erachtet. Es sind dies die explosionsartige Vermehrung der Weltbevölkerung, die Schwierigkeiten der Nahrungsmittel- und Wasserversorgung, welche durch die zunehmende Auslaugung und Versteppung der Böden wie der Verseuchung des Trinkwassers verschärft wird, die Erschöpfung der Ressourcen und die zunehmenden Probleme der Energieversorgung, wie sie sich in den Ölkrisen vor wenigen Jahrzehnten ankündigte, die weitergehende Zerstörung und Vergiftung der Erde durch das immer noch anwachsende industriell-technische System und das zunehmende Gefälle in der Verteilung des Reichtums der materiellen Güter zwischen Nord und Süd, das die Verhandlung über noch höhere Einkommen dem täglichen Massensterben

von Menschen durch den Hungertod gegenüber-
stellt. Die einzelnen Regelkreise sind seiner Ansicht
nach so mit- und ineinander verwickelt, dass die
Verbesserung des einen gleichzeitig die Verschlech-
terung eines anderen bedeutet. Um eine wirkliche
Verbesserung der krisenhaft zugespitzten Situation
erzielen zu können, müssten mindestens drei, wenn
nicht alle fünf Regelkreise auf einmal saniert werden.
Das würde im günstigen Falle eine umfassende
Veränderung des gesamten industriell-technischen
und politischen Systems bedeuten. Im ungünstigen
Falle führe es Dieckmanns (1988) Ansicht nach
zur völligen Zerstörung der Erde als bewohnbares
Ökotop, worin aufgrund der zunehmenden selbst-
destruktiven Tendenzen des Menschen aktuell eine
ernsthafte Gefahr bestehe.

Hierin zeigt sich erneut die Bedeutung, die sich mit
dem Wort Krise verbindet, nämlich die Anforderung
an den Menschen, aufgrund der aktuellen Beein-
trächtigung seiner Überlebenschancen eine Entscheidung zu treffen. Es ist an ihm zu entscheiden, ob er
sich dem Leben oder dem Tod, der Erhaltung und
Fortentwicklung oder der Zerstörung des Hier und
Jetzt sowie der Herkunft seiner selbst und der Erde
zuwenden möchte. In den mythologischen Vorstellungen der Menschen findet sich dieser Werden-
Sterben-Werden-Rhythmus von Anbeginn der
Menschheit. Ein Motiv hierfür ist das bereits ange-

sprochene biblische Chaos, aus dem die Welt in der ganzen Fülle ihres Seins als Einheit und Ganzheit hervorgeht (vgl. Bibel, 1980, Gen 1). Darum zu wissen, kann Trost spenden, denn aktuell zeigt sich der mögliche Fortentwicklungsdrang der Evolution zunehmend von seiner dunklen Seite, in Gestalt von Weltuntergangsaspekten wie Zerstörung, Ausgebranntsein, Depression, Resignation, Leere, Rat- und Hilflosigkeit. Die Erde und die menschliche Existenz zerfallen nach und nach in ihre Ursubstanz, lösen sich im Chaos des Uranfangs auf.

Voller Angst versucht der Mensch mit äußerster Kraft, Mühe und Anstrengung fest- und zusammenzuhalten, was noch und solange es noch zusammenzuhalten geht. Es scheint, als sträube er sich dagegen, die Situation im Hier und Jetzt wirklich wahrhaben zu wollen. Möglicherweise liegt in der angstvollen Verdrängung und Abspaltung auch der Hauptgrund, weshalb trotz der wachsenden Bedrohung weiterhin nicht wirklich Wandlung geschieht. Denn mit der grundlegenden Verdrängung der ökologischen Krise spaltet der Mensch nicht nur die Bedrohung, sondern auch die Möglichkeiten einer Wandlungschance von sich ab.

Wie kommt es zu Ausbeutung und Missachtung der Erde?

Im Folgenden versuche ich einige Impulse zu geben hinsichtlich der Frage, wie es möglicherweise zur Ausbeutung und Missachtung der Erde durch den Menschen kommt.

Die drei großen Kränkungen

Mit dem ausgehenden Mittelalter wurde der Mensch im kurzen Zeitraum von weniger als 500 Jahren, wenn man von der gesamten Länge des evolutionären Prozesses ausgeht, gleich dreimal hintereinander in seiner Existenz massiv gekränkt. Sein Selbstverständnis als Krönung der Schöpfung und Erde, das ihm bis dahin von den traditionellen Glaubenssystemen vermittelt worden war, stand mit einem Mal in Frage. Damit einhergehend geriet auch die von ihnen beförderte dualistische Weltsicht ins Wanken. Die Sonne drehte sich, wie vom Menschen bis dahin angenommen, nicht mehr um die Erde und den auf ihr lebenden und herrschenden Menschen.

Der Astronom Nikolaus Kopernikus (1473-1543) entdeckte, dass es sich viel mehr umgekehrt verhielt. Die Erde und die Planeten bewegen sich in Kreisen um die Sonne. Nicht der Mensch, sondern sie nimmt eine Mittelpunktstellung im Kosmos ein. Mit seiner empirischen Entdeckung leitete Kopernikus eine neue geistige Epoche der Menschheit ein, die bis heute als Kopernikanische Wende bezeichnet wird.

Der englische Naturforscher und Evolutionsbiologe Charles Darwin (1809-1882) sorgte für die zweite große Kränkung, indem er die Lehre von der Herausbildung neuer Arten durch Auslese der für die jeweiligen Lebensbedingungen geeigneten Formen begründete. Für den Menschen bedeutete das die ungeheuerliche Erkenntnis, in seinem Ursprung vom Tier, insbesondere vom Affen, abzustammen. Darwins Ansicht nach gestaltet sich die evolutionäre Fortentwicklung im ewigen Konkurrenzkampf ums Überleben aller Kreatur. Dabei tragen die der jeweiligen Umwelt am besten angepassten Individuen die größte Chance auf ein Fortbestehen in sich. Die modernen Erkenntnisse im Bereich der Genetik stützen die Selektionstheorie. Mit Darwins revolutionärer naturwissenschaftlicher Entdeckung verlor der Mensch nicht mehr nur seine exponierte Stellung als Krönung der Schöpfung, sondern auch als Herrscher über die Erde und allem, was auf ihr lebt. Stattdessen wurde er zum Teil ihrer selbst. Mit den gravierenden Verlusten einhergehend begannen auch die traditionellen Glaubenssysteme an Überzeugungskraft zu verlieren. Die dritte große Kränkung entzog ihnen dann beinahe gänzlich ihre Wirkmacht.

Dem Begründer der Psychoanalyse Sigmund Freud (1856-1939) gelang im Jahre 1900 der empirische Nachweis des Unbewussten. Durch freies Assoziieren und die Analyse von Träumen zeigte er auf, dass beide nicht vom Ich gemacht, sondern viel mehr von ihm wahrgenommen werden, dass es also eine Wahrnehmung gibt, die nicht über die Sinnesorgane ins Bewusstsein fließt. Heute wird von der inneren Wahrnehmung gesprochen, die sich als solche von der Sinneswahrnehmung, einschließlich des vegetativen Systems, den sechs somatischen Sinnen und der Telepathie unterscheidet. Freud war es damit gelungen, einen neuen Typus empirischer Wissenschaft entstehen zu lassen und somit auch den bis dahin einzig gültigen Empiriebegriff zu erweitern.

Die Entdeckungen Freuds erweiterte Jung (1875-1961) dann nochmals, indem er nachwies, dass auch Visionen innerlich wahrgenommen werden. Er entdeckte, dass sie so etwas wie Träume sind, die vom Ich nicht im Schlaf, sondern im außergewöhnlichen Bewusstseinszustand empfangen werden. Um das magisch-mythische Welt- und Selbsterleben des Menschen zu verstehen, scheint diese Erkenntnis Jungs wesentlich. Im Blick auf die archaischen Reste in Träumen, die für den Menschen in der alltäglichen Außenwelt so nicht vorkommen wie zum Beispiel Feen, Engel, Nixen, Götter, gingen die Ansichten von Freud und Jung auseinander. Während die Reste für Freud nichts als bedeutungslose Relikte aus früheren Phasen der Menschheitsentwicklung darstellten, sah Jung in ihnen wertvolle Informationen über das Unbewusste. Um ihren Bedeutungsgehalt entschlüsseln zu können, verglich er Mythen aus verschiedenen Kulturen, deren Sinn im Laufe der Zeit durch entsprechende Reflexion bereits mehrfach erschlossen worden war.

In seiner Forschung begegneten ihm nur wenige Grundmuster wie zum Beispiel das „Umsorgen" oder das „Hinaustreten in die unbekannte Welt", auf die sich die Vielfalt der Motive zurückführen ließ. Diesen Grundmustern gab er den Namen Archetypen. Seine Erkenntnis darüber, dass in den Mythen aller Zeiten bis heute immer wieder die gleichen Bedeutungsmuster vorkommen, ließ ihn vermuten, dass sie artspezifisch und phylogenetisch erworben sein müssen. Seine Entdeckungen wurden neben der Mythologie und Tiefenpsychologie auch für die Kulturwissenschaften und die Theologie höchst bedeutsam. Manche moderne Theoriemodelle weisen eine erstaunliche symbolische Nähe zu den alten mythischen Bildern auf.

Sie bestätigen die Vermutung Jungs, dass sich in ihnen etwas wie Menschenart und Menschennatur spiegelt. In diesem Sinne kann auch die moderne Vorstellung vom Urknall als Parallele zu den Schöpfungsmythen verstanden werden.

Fehlender Zugang zum Unbewussten

In der Psychologie forderte der empirische Nachweis des Unbewussten einen Paradigmenwechsel (vgl. insbesondere Obrist, 2009b). Dieser ist bis heute noch nicht wirklich vollzogen worden. Nach wie vor dominiert die empirische Psychologie. Der um die innere Wahrnehmung erweiterte Empiriebegriff, wie er von der Tiefenpsychologie vertreten wird, hat in der akademischen Landschaft bis heute kein Selbstverständnis erhalten.

Der Mensch sträubt sich weiterhin, die Existenz einer in ihm lebendigen Erde genauso anzuerkennen wie ihre äußere Wirklichkeit. Da die abendländische Kultur weiterhin stark geprägt ist von der dualistischen Sicht aller Dinge, ist die Vorstellung vom Unbewussten als einem in sich gleichermaßen dunklem wie lichtem Mysterium für den westlichen Menschen schwer begreifbar.

Er neigt dazu, das Leben als gut oder böse zu bewerten. Dass dunkles Agieren zwar grausam sein kann, aber nicht gleich böse sein muss, ist ihm fremd. Ähnlich ungewohnt ist für ihn die Vorstellung, dass sich Leben überhaupt nur in Bezogenheit von Dunkel und Hell ereignen kann. Den östlichen Kulturen sind solche Vorstellungen vertrauter. Schattenarbeit im Sinne einer Beschäftigung mit den verborgenen

Aspekten des Lebens gehört zu den Stärken der Analytischen Psychologie. Sie anerkennt voll und ganz deren Existenz und versucht diese soweit als möglich ins menschliche Dasein zu integrieren. Das unterscheidet sie möglicherweise von anderen bewusstseinserweiternden Wegen. Die Analytische Psychologin und Psychotherapeutin Ingrid Riedel vergleicht das Unbewusste mit einem Komposthaufen und mit Dünger.

> *Das Unbewusste ist einerseits wie ein Komposthaufen, vieles wird dort abgelegt, zugleich kann es nach einer Transformation Dünger für neues Wachstum werden. Es ist der schöpferische Anteil in uns, der verdrängte Gefahren aufzeigt, aber auch Wege zu deren Überwindung, zur Schaffung von Neuem.*
>
> (Riedel, 2013, S. 6)

Atomare Bedrohung

Während es zu Beginn des technisch industriellen Zeitalters, Ende des 18. Jahrhunderts, vor allem um Fortentwicklung ging, um die Erfindung neuer Produktionsverfahren und Maschinen, um die plötzliche Verfügbarkeit von aus dem Handel stammendem freiem Kapital und um das Vorhandensein von Arbeitskräften aufgrund der durch die Agrarrevolution bedingten Landflucht und dem rapide ansteigenden Bevölkerungswachstum, beschäftigt sich der moderne Mensch in seinem materialistischen Selbst- und Weltverständnis, Kontroll- und

Machbarkeitswahn mit der Möglichkeit, die Spezies Mensch durch technisch Erforschtes gänzlich auszurotten. Seit der Erfindung der Atombombe lebt die Menschheit auf einem Pulverfass. Ein einziger Knopfdruck kann die Welt vernichten.

Und es gibt vermutlich keine Umweltkatastrophe, vor der der Mensch sich mehr fürchtet, als vor der atomaren Zerstörung. Hierbei lässt sich fragen, ob etwas im Menschen es bewusst oder unbewusst darauf anlegt, die Welt und sich selbst eingeschlossen, vollkommen zu vernichten. Vielleicht will etwas in ihm erneut eine Situation schaffen wie die der alttestamentlichen Sintflut, bei der einzig Noah und die weiteren Passagiere auf der Arche überlebten. Mit dem Ende der Flut wurde ihnen das Geschenk eines Neuanfangs zuteil (vgl. Bibel, 1980, Gen 6, 1-9, 17). Nach einem vergleichbaren Neuanfang sehnt sich vielleicht auch der moderne Mensch.

Aus der Psychologie ist bekannt, dass Angst, Erleben von Ausweglosigkeit und das Fehlen von Sinn häufig in die Destruktivität hinein führen, die sich in der Selbst- und Fremdzerstörung äußern kann. Ob die Bedrohung, die der Mensch für sich selbst produziert sowie seine katastrophale Eigengefährdung in gleichem Umfang auch auf den Planeten Erde zutreffen wird, ist noch nicht beantwortbar. Biosphäre und Ökosphäre der Erde sind vom Menschen in ihrem Sein und Wert verschieden, wenngleich der Mensch

Teil ihrer ist. Die weiterhin vorherrschende rationale Sicht aller Dinge, die die trieb- und instinkthafte Natur von sich abzuspalten trachtet, befördert den affektiven Durchbruch. Ähnlich wie Depression und Angst stellt er ein häufig vorkommendes Phänomen dar. Neben der individuellen trägt die kollektive Verdrängung des Schattens, wie sie in der abendländischen Kultur stattfindet, noch ein viel gewaltigeres Kraftpotential in sich.

Vierte große Kränkung?

Aufgrund der knapper werdenden Ressourcen der Erde und der zunehmenden Probleme in der Energieversorgung sieht der Mensch sich verstärkt konfrontiert mit dem Thema der Endlichkeit. Was er im Hier und Jetzt noch immer nicht wirklich wahrhaben will, zwingt ihn nun in die Bewusstwerdung. Alles materielle Leben ist begrenzt und vergänglich. Dazu gehört auch der Mensch in seiner Körperlichkeit. Seine Existenz ist so wenig ewig wie die der Ölressourcen auf dem Planeten Erde. Die wachsenden Energieversorgungsprobleme drängen ihn gleich in doppelter Weise in die Auseinandersetzung mit der Begrenztheit. Er muss sich der Begrenztheit seiner Heimat, der Erde, stellen wie der Begrenztheit seiner selbst. Die dabei wachsende Einsicht mag der Mensch zu Beginn des 21. Jahrhunderts vielleicht als neue Kränkung empfinden. Es wäre die vierte im Laufe der Bewusstseinsentwicklung.

Da jede Kränkung mit Verunsicherung einherzugehen scheint, ist im Falle der Bewusstwerdung von Endlichkeit und Vergänglichkeit allen materiellen Seins einschließlich der menschlichen Existenz von einer massiven Ängstigung des Menschen auszugehen. Hinzu kommt, dass die Erkenntnis der menschlichen Sterblichkeit diesen vor die äußerst brisante Aufgabe stellt, in einer noch verdichteteren, bisher so nicht da gewesenen Weise, seine ohnmächtige Rolle im evolutionären Geschehen als solche anzunehmen. Im Gegensatz zum beständigen energetischen und psychischen Stirb-und-Werde-Rhythmus des Lebens geht es beim Tod im Sinne des Zerfalls von Materie um ein unwiderrufliches Ende materieller Existenz. Aktuell ist der Mensch dabei zu erkennen, dass sein Körper wie die Ressourcen der Erde vergehen. Die Unaufhaltsamkeit des Todes und ihre Bedeutung könnten für ihn von höchster Wichtigkeit sein.

Vielen Menschen scheint es verwehrt zu bleiben, ein individuelles Lebensrecht auf dieser Erde spüren zu können. Biographisches Verstehen bietet hierbei eine Erklärungsmöglichkeit. So betrachtet kann das Empfinden eines Menschen, kein Lebensrecht zu haben, im Zusammenhang gesehen werden mit Eltern, von denen er nicht gewollt worden ist, mit widrigen Umständen, unter denen er zur Welt gekommen ist, mit einer schwierigen Geburt, die er durchleben musste, mit einer gefährlichen Erkrankung, von der er sich im Laufe seiner Lebensgeschichte bedroht gesehen hat.

Für einen solchen Menschen wird es vermutlich kaum möglich sein, die Aufgabe, die sich für alle Menschen mit der Existenz des Todes verbindet, ob sie als Ziel oder als bittere Annahme einer nüchternen Realität verstanden wird, zumindest ansatzweise zu lösen. Vielmehr wird er sich so fixiert auf die Suche nach Anerkennung und Selbstwert zeigen, dass anstehende Entwicklungsschritte blockiert bleiben.

Der Theologe und Analytische Psychotherapeut Helmut Hark (1995) spricht hierbei vom „Thanatos-Komplex". Dieser bestimmt häufig in Form von gedämpfter, ängstlicher, von Todesfurcht durchzogener Grundstimmung das alltägliche Leben eines in dieser Hinsicht fixierten und blockierten Menschen. Das Wort „thanatos" kommt aus dem Griechischen. Im antiken Griechenland wurde unter ihm die Personifikation des Todes in seiner natürlichen wie gewaltsamen Erscheinung verstanden, der „hypnos", den Schlaf, zum Bruder hat. Dieser wurde, so wie „thanatos" von den alten Griechen als die Personifikation des Todes angesehen wurde, als Personifikation des Schlafes verstanden, der sich in Form von Schlummer, Traumschlaf, Todesschlaf und dem

Beischlaf nach außen hin zeigt. Ihre gemeinsame Mutter ist dem altgriechischen Verständnis nach „nyx", die Nacht. „Nyx" ist die Göttin aller Phasen der Nacht, vom Anbruch der Nacht über Mitternacht bis hin zum Morgengrauen. Sie regiert das Reich der Finsternis und des Dunkels, der Ohnmacht, des Unglücks und des Todes.

Ähnlich wie offenbar eine Vielzahl von Menschen ist vielleicht auch die Erde im Tod, dem dunklen Reich der Göttin „nyx", verhaftet. Solange dem Menschen nicht bewusst wird, dass die Erde wie die Spezies Mensch und jedes einzelne Individuum einen eigenen, vom Menschen unabhängigen Wert (vgl. Kreuder 2013) in sich trägt, in sich wertvoll ist, gibt er sie dem Tod preis. Denn nur er kann der Erde mit seiner Bewusstseinsfähigkeit zur Bewusstheit verhelfen und sie somit vom Tod erlösen. Hierin zeigt sich erneut die Kostbarkeit der Erde, die diese in einen viel umfassenderen Zusammenhang stellt, als sie auf die Funktion einer Ressourcenstätte zu reduzieren. Für den Menschen geht es um Bewusstwerdung, Sinnfindung und ethische Überlegungen, die sich nicht ausschließlich auf das menschliche Miteinander beschränken. Vielmehr sollten sie die Biosphäre und Ökosphäre miteinschließen.

Phänomen der Angst

Dass die ökologische Krise für den Menschen mit Angst einhergeht, habe ich mehrfach angesprochen und aufzuzeigen versucht, worauf sie möglicherweise zurückgeführt werden kann. Ein Ansatzpunkt könnte die Angst des Menschen vor seiner Gewöhnlichkeit sein und seiner relativen Unwichtigkeit im Gesamtzusammenhang des evolutionären Geschehens. Diese Angst zu schüren, dazu trug Kopernikus mit seinen astronomischen Entdeckungen bei. Ein weiterer Aspekt könnte eine Angst des Menschen vor seiner evolutionären Herkunft sein, der primitiven Abstammung vom Tier. Mit Darwin und seiner Forschung dürfte diese Angst verstärkt wachgerufen worden sein.

Wieder ein anderer Aspekt betrifft die Angst vor der atomaren Bedrohung. Sie könnte verstanden werden als Angst vor der völligen Zerstörung und Vernichtung, die Wut und Groll und das Empfinden von Ohnmacht scheut. Hinter dem gesamten Angstkomplex, der von der atomaren Bedrohung herrührt, verbirgt sich möglicherweise auch eine Angst vor der unbewussten Innenwelt des Menschen, insbesondere ihren dunklen Facetten.

Des Weiteren könnte es um Angst vor Neuem und Fremdem und um eine mit ihr einhergehende Stagnation und Verweigerungshaltung gehen, sofern die ökologische Krise als Schwellensituation im Kontext des evolutionären Geschehens begriffen werden möchte. Hierbei ginge es um Angst vor dem Schritt aus der rationalen Entwicklungsstufe hinein in die integrale Dimension des Bewusstseins, die vielleicht auch mit einer Angst vor Mangel und Verlust des Althergebrachten und Bekannten einhergeht.

Hinter der Verlust- und Trennungsangst könnte wiederum Angst vor Trauer und Schmerz sowie die Sehnsucht nach Geborgenheit und Sicherheit stehen. Beide werden in der Analytischen Psychologie als Aspekte verstanden, die dem „Weiblichen" zugeordnet sind. Ihm entgegen steht das „Männliche" mit gewichtigen Impulsen wie dem Forschungsdrang, der Abenteuerlust, Mut und Wagnis die notwendig zu sein scheinen, um Schwellensituationen zu durchschreiten. Auch sie können mit Angst einhergehen. Schwellensituationen bedeuten auch Bewegung. Sie kann im bequemen, sturen und starren Menschen ebenfalls Ängste hervorrufen.

Hinter seiner Bequemlichkeit und Sturheit verbirgt sich neben der Angst vor dem Fremden und der Verlust- und Trennungsangst häufig auch Angst vor Blindheit und Unfähigkeit seiner selbst, also Realitäts- und Versagensangst.

Nicht zuletzt könnte es neben den bereits genannten Ängsten im Kontext der ökologischen Krise auch um die Angst vor dem Tod gehen. Unter diesem Gesichtspunkt betrachtet bietet die ökologische Krise dem Menschen die große Chance zur Auseinandersetzung mit der Begrenztheit und Vergänglichkeit allen materiellen und lebendigen Seins, seine eigene Endlichkeit und Begrenztheit darin eingeschlossen. Und vielleicht geht es für den Menschen auch um Angst vor der Verantwortungsübernahme, seine begrenzte irdische Existenz und die seiner Mit- und Umwelt sinnvoll zu gestalten.

Angst gehört in das weite Feld der Emotionen. Wo sie auftaucht, ist Bedrohung angesagt und das drängende Bedürfnis, diese in den Griff zu bekommen. Die Bedrohung kann als von innen oder von außen kommend wahrgenommen werden. Angst trägt vergangenheits- und zukunftsbezogene Aspekte in sich. Sie geht mit Hilflosigkeit einher, mit Spannungs- und Erregungsanstieg, mit Befürchtungsfantasien, unangenehmen Körperreaktionen wie Schweißausbrüchen oder Atemnot, mit aggressivem Verhalten oder Fluchttendenzen.

Um die empfundene Bedrohung in den Griff zu bekommen, schaltet der Mensch primitive Abwehrmechanismen ein wie Verleugnung, Verdrängung, Abspaltung oder auch reifere wie die Rationalisierung, Intellektualisierung oder die Verschiebung. Sie dienen dazu, dem angstvollen Menschen in einen Zustand hinein zu verhelfen, in dem er sich als wieder hinreichend stabilisiert und dadurch fähig erlebt, nach einer Lösung für den bedrohlichen Zustand zu suchen.

Angst und Hilflosigkeit wecken die Ursehnsucht des Menschen nach einem vertrauensvollen Gegenüber. Das weist darauf hin, dass Angst und Bezogenheit in engem Zusammenhang zueinander stehen. Gerät eine Beziehung aus dem Gleichgewicht, kann sie leicht zu Angst führen. In der Frage nach der Beziehung des Menschen zur Erde mag dieser Aspekt eine bedeutsame Rolle spielen.

Kaiser (1990) weist auf die aus dem Gleichgewicht geratene Balance zwischen dem Ich und dem Selbst des Menschen, seiner Mitwelt und Umwelt hin. Um aus der Angst herauszufinden, braucht es ein möglichst sicheres Selbstwertgefühl, was wiederum der Bewusstwerdung der eigenen Ressourcen bedarf. Die Analytische Psychologin und Psychotherapeutin Verena Kast sieht den archetypischen Zusammenhang von Angst folgendermaßen:

> *Das archetypische Feld, auf das die Angst verweist,*
> *ist das Feld von Tod, Vernichtung und*
> *der Entschlossenheit zur Existenz.*
> (Kast, 2003, S. 22)

Diese von Kast angesprochene und benannte Entschlossenheit zur Existenz braucht das bereits thematisierte Ja des Menschen zum Leben. Dabei geht es um eine vom Menschen in seiner Existenz geforderte Entscheidung, wie sie sich etymologisch im Wort Krise findet.

4. „Weibliche" Erde – Ökologische Krise und patriarchales Zeitalter

Entwertung, Verdrängung und Abspaltung des „Weiblichen"

Der Begriff des Patriarchats hat seinen Ursprung in der lateinischen und in der griechischen Sprache. Er setzt sich zusammen aus dem griechischen Wort „patér" wie dem lateinischen Wort „pater" und aus dem griechischen Wort „arché". Der lateinische „pater" ist der Vater, der Urheber und Schöpfer. Im Plural sind die „patres" die Eltern, Vorfahren und Ahnen. Außerdem wurde das Wort „pater" als Ehrentitel gebraucht (vgl. Skutsch, Petschenig, 1964). Aus dem Griechischen kommend wird das Wort „patér" neben den bereits genannten Begriffen außerdem mit Großvater, Stammvolk, Mutterstaat und mit Wohltäter übersetzt (vgl. Gemoll, 1979).

Somit weist die griechische Übersetzung auf eine weiter zurückreichende Ahnenbezogenheit und auf einen ursprünglichen Bezug zum „Weiblichen" hin, der in der lateinischen Übersetzung bereits nicht mehr sichtbar ist. Das griechische Wort „arché" trägt in seiner Übersetzung die Bedeutung Anfang, Beginn, Ursprung. Darüber hinaus wird „arché" übersetzt mit Regierung, Herrschaft, Kommando,

Amt. Außerdem wird ihm die Bedeutung Reich, Gebiet, Statthalterschaft, Provinz, auch Obrigkeit und Behörde zugeschrieben (vgl. ebd.).

Der Anfang und die Übernahme von Herrschaft über ein Gebiet sind der Übersetzung nach in dem Wort „arché" eng miteinander verbunden. Zusammengesetzt steckt in der Begriffsbildung des Patriarchats soviel wie die ganz am Anfang stehende Herrschaft der Väter. Dass es vor Beginn des Patriarchats noch eine andere Zeit gegeben haben könnte, wird in der Begriffsbildung ignoriert. Heute wird unter dem Patriarchat das weltweit gesellschaftliche System der Geschlechterhierarchie verstanden, welches in den vergangenen 3000-4000 Jahren der Menschheitsgeschichte durch die Vorherrschaft des Mannes entstanden ist. In ihm werden die Kinder nicht der Mutter, sondern dem Vater zugeordnet. Frauen werden nicht als frei und dem männlichen Geschlecht ebenbürtig betrachtet, sondern gelten als Besitztum des Mannes. Im sich mit dem Patriarchat verbindenden Ideengut wird der Mann zum Maßstab aller Dinge erhoben. Ihm wird volle Menschlichkeit und Geistigkeit zugesprochen, während die Frau als Abweichung von der Norm angesehen wird. In ihrem Menschsein gilt sie als minderwertig. Gegensätzlich zum geistig überhöhten Mann ist sie in erster Linie Geschöpf der niederwertig betrachteten Natur.

Die Entstehung des Patriarchats wird mit unterschiedlichen Gesichtspunkten verknüpft. Dazu gehören die Erfindung der Waffen, die veränderten Anbaubedingungen für Getreide durch die Entwicklung des Pfluges, die Entdeckung der Rolle des Mannes bei der Fortpflanzung. In jahrhundertelangen gewaltsamen Änderungsprozessen, die mit zahllosen Kriegen, Eroberungen und Unterwerfungen einhergingen, setzte sich das Patriarchat nach und nach durch. Mythologie und Religion zeigen Spuren dieses langsam Gestalt annehmenden Entwicklungsprozesses auf. Statt der uralten Mutter- und Schöpfungsgöttinnen gewann die Vatergottheit zunehmend an Bedeutsamkeit, die sich bis hin zur Absolutheit fortentwickelte. Das weibliche Geschlecht geriet immer weiter in die Abwertung. Frauen wurden des eigenen Besitzes enthoben. Sie hatten keine Rechtsansprüche, wurden von der Bildung ferngehalten. Politik, Wirtschaft, Berufsausübung, religiöse Ämter kamen nicht für sie in Betracht.

Die modernen Industrienationen werden bis heute vom Patriarchat dominiert. Nach wie vor trägt ein Großteil der Frauen die hauptsächliche Verantwortung für die Kinder und leistet unbezahlte Familienarbeit. Weltweit werden Frauen schlechter bezahlt. Sie sind in unterbewerteten frauenspezifischen Berufen tätig und leisten einen großen Teil der sozialen Arbeit, zumeist auf ehrenamtlicher Basis. Öffentliche Bereiche wie Wirtschaft, Politik, Wissenschaft, Forschung oder Verwaltung sind weiterhin vorwiegend in männlicher Hand. Führungspositionen werden nach wie vor nur zu einem geringen Prozentsatz an Frauen vergeben. Auf das weibliche Geschlecht wird strukturelle und sexualisierte Gewalt ausgeübt, wozu die häusliche Gewalt, der sexuelle Missbrauch, der weltweite Frauenhandel und die Zwangsprostitution gezählt werden können. Die Tiefenpsychologie legt ihr Augenmerk bezüglich des Patriarchats nicht nur auf die Benachteiligung und Diskriminierung von Frauen im Kontext äußerer Strukturen. Vielmehr scheint es um ein Prinzip zu gehen, welches auf subtilste Weise das gesamte Denken und Fühlen des Menschen durchwirkt.

Die Analytische Psychologin und Psychotherapeutin Brigitte Dorst (2003) erweitert die Tragik, die sich aus der Einseitigkeit des Patriarchats ergibt. Ihrer Meinung nach ist die aus dem Patriarchat resultierende Sozialisationsgestalt bestimmt von Stereotypen und Einseitigkeiten in Bezug auf beide Geschlechter. In der Entwicklung von Mädchen wie Jungen findet sich von Geburt an ein enormer Druck, bestimmte Geschlechterrollen auf festgelegte Weise ausfüllen zu müssen. Dorst sieht den weltweit anstehenden und notwendigen Bewusstseinswandel der Menschheit in enger Verbindung mit dem Patriarchat.

Die mit ihm und der kulturellen Transformation einhergehende Aufgabe der Frau besteht ihrer Ansicht nach vor allem aus der Überwindung ihrer Minderwertigkeitskomplexe und Unterordnungsbereitschaft sowie der Aufarbeitung ihrer Ohnmachtserfahrungen.

Die männliche Aufgabe hingegen sei mit der Befreiung von inflationierten Größenidealen und damit einhergehenden Fantasien, von Macht- und Überlegenheitsansprüchen verbunden. Als eine Wegspur, um aus dem kulturellen Zeitalter des Patriarchats herauszufinden, sieht sie das bewusste Wissen um die matriarchale Frühgeschichte der Menschheit.

Ähnlich wie das Patriarchat setzt sich der Begriff Matriarchat aus dem griechischen Wort „máter" oder „méter" wie dem lateinischen Wort „mater" und dem griechischen Wort „arché" zusammen. Die lateinische „máter" ist die Mutter. Sie gilt als Ehrentitel für Frauen. Außerdem ist sie die Urheberin, die Schöpferin und Quelle (vgl.Skutsch, Petschenig, 1964). In der griechischen Übersetzung steht für „máter" oder „méter" neben der Mutter auch die Großmutter (vgl. Gemoll, 1979), was, ähnlich wie beim „patér", einen Bezug zu älterer, tieferer Verwurzelung erahnen lässt als sie die jünger datierte lateinische Sprache aufweist. Statt der Urheberin und Schöpferin finden sich in der griechischen Übersetzung die Begriffe Erzeugerin und Ursprung (vgl. ebd.). Hier wird das Wort „máter" oder „méter" gleichgesetzt mit dem Ursprung an sich, in dem keine geschlechtliche Unterscheidung stattfindet. Wie auch beim Begriff des Patriarchats wird das griechische Wort „arché" zum einen mit Anfang, Beginn, Ursprung, des Weiteren mit Regierung, Herrschaft, Kommando, Amt, außerdem mit Reich, Gebiet, Statthalterschaft, Provinz, Obrigkeit und Behörde übersetzt (vgl. ebd.). Die Begriffsbildung des Matriarchats bedeutet in seiner Wortzusammensetzung soviel wie anfängliche Mutterherrschaft. Sie bezog sich ursprünglich auf die politische, soziale und kulturelle Vorherrschaft der Frau.

Bis heute bleibt umstritten, ob es diese in vergleichbarer Weise mit der sich im Kontext des Patriarchats entwickelten Vorherrschaft der Männer jemals so gegeben hat. Alternativ wird überlegt, wie sonst das Matriarchat für den Menschen und seine Geschichte zu verstehen ist. Neumann (1964, 1974) betrachtet es vor allem aus psychologischer Perspektive, womit er einen bedeutenden Beitrag zur kulturellen Fortentwicklung des Menschen an der Schwelle des weltweit anstehenden Bewusstseinswandels leistete. Die Analytische Psychologie spricht von den Archetypen des „Weiblichen" und des „Männlichen." Der Versuch dieser Kategorisierung wird von einzelnen Vertreterinnen und Vertretern innerhalb der Analytischen Psychologie als patriarchale Konstruktion kritisiert. Die entsprechenden Vertreterinnen und Vertreter tun sich offenbar schwer mit den in ihren Augen einseitig dominierten Ansichten Jungs und Neumanns. Aus Sicht der Kritikerinnen und Kritiker ordneten Jung und Neumann das Bewusstsein und Geistige vor allem dem „Männlichen", das Mütterliche und Unbewusste dem „Weiblichen" zu.

Der Begriff „Archetyp" lässt sich aus dem Griechischen ableiten von den beiden Worten „arché" und „týpos". Während das griechische Wort „arché", welches sich ebenso in den Begriffsbildungen des Patriarchats und des Matriarchats findet, mit Anfang, Beginn, Ursprung, Regierung, Herrschaft, Kommando, Amt, Reich, Gebiet, Statthalterschaft, Provinz, Obrigkeit, Behörde (vgl. Gemoll, 1979) übersetzt wird, lautet die klassische Übersetzung für „týpos" Schlag, Hieb, Eindruck, Geschlagenes, Eingedrücktes, Gepräge, Bild, Bildwerk, Umriss, Form, Skizze, im neutestamentlichen Sinn auch Beispiel, Vorbild (vgl. ebd.).

Mit dem Begriff des „Archetyps" versuchte Jung so etwas wie eine evolutionär erworbene Struktur zu beschreiben, die seiner Vermutung nach der psychischen Tätigkeit zugrunde liegt. Er geht davon aus, dass jegliches menschliches Verhalten und Erleben auf einer allgemeinen Grundlage, nämlich der „Menschenart des Menschen" (GW 9/I, §152), basiert, die sich in allen menschlichen Individuen wiederfinden lässt.

Diese allgemeine Grundlage bezeichnet er als kollektives Unbewusstes. Aktuell haben Biologie, Evolutionäre Psychologie, Gen- und Hirnforschung vergleichbare Theorien entwickelt, die in eine ähnliche Richtung denken.

Zu den bekanntesten Archetypen gehören die Archetypen der „Großen Mutter", des „Großen Vaters", des „Göttlichen Kindes", des „männlichen und weiblichen Prinzips", des und der „Alte Weisen" und des „Schattens". Als kollektive Phänomene durchwirken Archetypen alle menschlichen Lebensbereiche. Sie sind Motoren für Fantasien, Impulse und Taten des einzelnen Menschen, einer Gesellschaft wie der Weltbevölkerung. Verstanden werden sie als die entscheidenden Mächte, die persönlich wie kollektiv tiefgreifende und einschneidende Ereignisse hervorbringen. Wird ihre Existenz über längere Zeit ins Unbewusste verdrängt, wächst ihre emotionale Ladung. Die faszinierende und tief berührende Wirkung, die sie dann bekommen, kann Idealisierung genauso hervorrufen, wie zur Katastrophe gereichen.

Archetypische Aspekte des „Männlichen"

Der Begriff des „Großen Vaters" wird häufig mit dem patriarchalen Vatergott gleichgesetzt, mit höchster Autorität bis hin zur Göttlichkeit. Das lässt sich vermutlich dadurch erklären, dass er die transzendente Seite des väterlichen Archetyps umfasst. Im Gegensatz zur Vielzahl der „Großen Mütter" tritt er zumeist nur in der Einzahl auf.

In den mythologischen Vorstellungen der Menschen werden ihm neben seiner Schöpferkraft Größe, Macht, auch über die Zukunft, Autorität und Verbindlichkeit zugeschrieben, ebenso Aspekte wie die Wertebildung, Gesetzgebung, Gültigkeit von Regeln, das Richten und gerechte Wissen um Strafe und Vergebung. Des Weiteren werden zu ihm Klarheit, Entschiedenheit, Denk- und Reflexionsvermögen, die Erkenntnisfähigkeit und das allumfassende Wissen assoziiert.

Diese dem „väterlichen Prinzip" einseitig zugeschriebenen geistigen Aspekte sind heute zunehmend umstritten. Einzelnen Vertreterinnen und Vertretern der Analytischen Psychologie fehlt die nicht nur zur Mutter, sondern ebenso zum Vater gehörende Körperlichkeit, die in der Biologie des männlichen Geschlechts genau so nach außen sichtbar wird wie beim weiblichen.

Die weitgehende Emanzipation von starr, unflexibel und hohl gewordenen, körperfeindlichen und geistig einengenden, dem patriarchalen Bewusstsein immanenten Einstellungen, Verhaltensweisen und Werten lässt in verstärktem Maße ein Heraufbrechen der damit einhergehenden Schattenseite befürchten. Die zunehmende ethische Verwahrlosung kann hierbei als ein möglicher Gefahrenaspekt betrachtet werden.

Der „Alte Weise" wird im Kontext des patriarchalen Zeitalters häufig mit dem „Großen Vater", im Sinne des männlich dominierten Vatergottes, gleichgesetzt. Seine archetypische Gestalt findet sich in nahezu allen Mythologien der Welt. Sie gehört zu den typischen Personifikationen des geistigen Prinzips. Wenn der „Alte Weise" auftaucht geht es um Weisheit und Sinn. Er steht im Hintergrund eines positiv gefärbten Vaterkomplexes, der die geistigen Interessen wachruft.

Der „Alte Weise" lehrt den Menschen, mit nahezu unmöglich erscheinenden Lebensaufgaben umzugehen. Ihm wohnen ethisch-moralische Eigenschaften inne wie Güte und Hilfsbereitschaft, die er im Menschen zu wecken versucht. Daher tritt er oft unscheinbar, hilfsbedürftig, schmutzig auf und stellt den ihm in seiner derartigen Erscheinung begegnenden Menschen auf die Probe, um ihn anschließend, nach dem Bestehen der Probe, reich zu beschenken.

In Abgeschiedenheit und Verborgenheit lebt der „Alte Weise", taucht plötzlich von irgendwoher auf, insbesondere an Lebensübergängen und in Schwellensituationen wie dem aktuell weltweit anstehenden Bewusstseinswandel. Häufig repräsen-tiert er auch den männlichen Aspekt der Ganzheit des Selbst im analytisch psychologischen Sinne. Zu den ungünstigen Aspekten seiner Gestalt gehört beispielsweise die Inszenierung ungeschickter Zwischenfälle, die den Menschen erst auf einsichtsfördernden Umwegen seinem Ziel näher bringen.

Der Sohn des „Großen Vaters" trägt heldenhafte Talente in sich (vgl. dazu Müller, 2013, 2015). Er ist begabt mit Mut, Stolz, Tatkraft und Zielstrebigkeit. Er liebt die Freiheit. Daher werden auch Trennung und Individuation, Bereitschaft zu Konflikt, Auseinandersetzung und Kampf mit ihm verbunden. Der Sohn verkörpert die vorwärts drängende Energie und siegreichen Ich-Kräfte. Sie ermöglicht dem Helden den Kampf um sein Dasein und schenkt ihm höchste Kraft zur Selbstentfaltung und Selbstverwirklichung. Er wagt das Neue, bisher Unmögliche, und geht dabei bis an die äußersten Grenzen seiner selbst.

Zu seinen Schattenaspekten gehören der Größenwahn, die Selbstüberschätzung verbunden mit Macht und Gewalt, wie sie sich in der langjährigen Geschichte des Patriarchats verstärkt findet. Markante Beispiele hierfür sind die Entstehung des Nationalsozialismus genauso wie das uneingeschränkte Beherrschenwollen der Natur.

Nicht nur einzelne führende Figuren, sondern ganze Menschenmassen können den inflationierten Fantasien des heldenhaft begabten Sohnes verfallen, der am Liebsten die ganze Welt retten und die Menschheit erlösen würde. Der moderne Glaube des Menschen, alles sei machbar und manipulierbar, so auch die Erde, und die Handhabbarkeit einzig eine Frage der passenden Technik, erweist sich als zunehmend problematisch. Ein solcher, wenig von der tatsächlichen Realität geprägter Veränderungsoptimismus, führt den heutigen Menschen verstärkt in die Irre.

Archetypische Aspekte des „Weiblichen"

In den mythologischen Vorstellungen verbinden die Menschen mit dem „Weiblichen" seit Urzeiten die „Große Mutter", aus der sie geboren werden und in die sie wieder eingehen. Durch sie zeigt sich der ewige Rhythmus von Werden und Vergehen und aller zyklischen Prozesse, in die das Leben eingebunden ist. Sie ist die Gebende und Nährende, Nehmende und Verschlingende.

Die „Große Mutter" ist Ausdruck alles Lebendigen. Sie ist Ursprung und Ziel, Hüterin und Ausdruck des „Weiblichen" schlechthin. In besonderer Weise bildet der Planet Erde die Leben schenkende und Leben vernichtende „Große Mutter" ab. Tiere, Pflanzen, Wasser, Felsen, Höhlen, die Spezies Mensch, vor allem die Frau, die weibliche Brust und mehr spiegeln ihre Existenz.

Neben Erde und Natur wird die „Große Mutter" auch im Gestirn des Mondes für den Menschen aller Zeiten sichtbar. Die großen Seuchen des Mittelalters wie die Pest oder Cholera genauso wie die Erkrankungen des modernen Menschen, die zum Beispiel

Krebs, Aids, Depression, Burnout-Syndrom heißen, zeigen ihre verschlingende Seite. Dunkelheit, Chaos, Unklarheit, Verwirrung und Orientierungslosigkeit, Vieldeutigkeit und Vielschichtigkeit, das Nacht- und Mondbewusstsein werden mit der „Großen Mutter" assoziiert. Ebenso lassen sich mit ihr Aspekte wie Offenheit, Bereitschaft, Hingabefähigkeit, Geduld, Wartenkönnen, Sicherheit und Geborgenheit verbinden.

Die Mutter-, Fruchtbarkeits- und Schicksalsgöttinnen aller Zeiten wie Madonna oder Sophia, auch Nut, Isis, Gaia, Demeter und weitere spiegeln neben Mutter Erde das Urbild der „Großen Mutter" wider. Im Ursprung, aus dem die „Große Mutter" hervorgeht, sind „weibliches und männliches Prinzip" noch ganz miteinander vereint. Als Ausdruck des „Weiblichen" ist sie auch Gebärerin der Lebenstochter, durch die die Erde gerettet werden will. Diese versinnbildlicht die Liebes-, Kontakt- und Beziehungsfähigkeit, Schönheit und bunte Fülle, die erotische Dimension allen Seins. In ihrem Wesen ist sie verführend und verbindend, einwickelnd und webend. Sie sprüht voll weiblicher Kreativität und Inspiration für das, was neu werden will, und überwindet die für den Menschen wohl am Eindrücklichsten erlebte polare Spannung zwischen Frau und Mann.

Zu ihren Schattenseiten gehören die Intrige, der Betrug, Rache und Mord, auch die vielen gesellschaftlich tabuisierten Variationen des sexuellen Erlebens und Verhaltens, der übermäßige Luxus und die hemmungslose Verschwendung, wie sie sich in der modernen Wohlstandsgesellschaft teilweise findet. In der mythologischen Geschichte des antiken Griechenland wird der Ursprung des erotischen Prinzips, trotz seiner eindeutigen Zuordnung zum „Weiblichen", im Manne gesehen.

Der „Alten Weisen" wird die gleiche archetypische Basis zugeschrieben wie dem „Alten Weisen". Wenn sie oder er auftauchen, geht es um Sinnfindung und Weisheit. In der Unterscheidung wird mit der „Alten Weisen" die weibliche Erscheinungsart des Archetypen verbunden, während der „Alte Weise" den männlichen Erscheinungsmodus repräsentiert.

Häufig erscheint die „Alte Weise" als steinaltes und armes Mütterchen, das augenscheinlich auf die Hilfe anderer Menschen angewiesen ist. Dabei prüft sie das Herz des jeweiligen Menschen, dem sie entgegen tritt. Die Alte Weise vermag Dramen zu entwirren, Frieden und Versöhnung zu stiften. Sie kennt sich aus mit der Vielzahl und Vielfalt an Verwicklungs- und Entwicklungsmöglichkeiten, die die erotische Lebenskraft dem Menschen zur Aufgabe macht, wird auch als Schicksalsspinnerin oder Initiationsmeisterin bezeichnet. Ihre Nähe zur Erde verleiht ihr neben der Kräuterfrau bisweilen auch die Erscheinung der Mutter Natur selbst.

In ihrer dunklen Gestalt wird mit ihr die Giftmischerin und Zauberin assoziiert. Wenn es um seelische Not und Orientierungslosigkeit geht, taucht die „Alte Weise" auf. Als Seelenführerin weiß sie um das passende Heilmittel, um den Ruf der Dinge und die jeweils rechte Zeit.

Wie auch den „Alten Weisen" zeichnen sie Güte und Hilfsbereitschaft aus. Allerdings treten die Eigenschaften bei ihr mit verstärkt mütterlicher Konnotation auf. Ihr weites und detailliertes Wissen um die erotische Lebenskraft und die Bezogenheit allen Lebens aufeinander gehören zu den ganz eigenen Aspekten der weiblichen Weisen.

Ihr Archetyp kann sich auf dem Hintergrund eines positiv gefärbten Mutterkomplexes mit geistigen Komponenten konstellieren, zum Beispiel bei einer Frau, die unter dem Einfluss einer geistig bedeutsamen Muttergestalt steht. Ähnlich wie beim „Alten Weisen" repräsentiert die „Alte Weise" bisweilen auch die weibliche Erscheinungsform des analytisch psychologisch verstandenen Selbst.

Das Wort „Hexe" findet seinen Ursprung in dem althochdeutschen Wort „hagzissa", was übersetzt die Bedeutung eines sich auf Zäunen oder Hecken aufhaltenden dämonischen Wesens trägt. Sie wird daher auch als Zaunweib oder Zaunreiterin bezeichnet. Die Hexe gilt als schillernde archetypische Figur. Sie steht in Verbindung zum Magier, den Muttergottheiten und dem Narren, hat Zugang zu bewusstseinsverändernden Substanzen, trägt geheimes Wissen in sich und kennt die Wege zur weiblichen Weisheit. Sie ist Beherrscherin der Elemente, Geburtshelferin, Wegweiserin in die Unterwelt.

Der Glaube an Frauen mit besonderen magischen Fähigkeiten ist allen Kulturen und Mythologien gemeinsam. Mit der Entwicklung der patriarchalen Kultur und Bewusstseinsebene wurden sie mitsamt ihrem eigenen, dem patriarchalen Menschen fremden Wissen in den Untergrund gedrängt. Dort lebten vor allem die bedrohlichen Seiten weiter, die den Menschen so schwer ängstigten, dass er sie auf grausamste Weise in der Hexenverfolgung bekämpfen musste.

Bis heute wird die Frau, insbesondere für den Mann, zur Projektionsfläche für die hochambivalente archetypische Hexe. Ihre Gestalt ist Spiegel für die weise Frau, die Helferin und Heilerin, ebenso wie für die magische Zauberin, die Verführerin und todbringende Vernichterin. Die mächtige Energie, die von ihr ausgeht, ängstigt den rationalen, dem patriarchalen Denken und Handeln verhafteten Menschen. Sie drängt ihn nach wie vor in die Abspaltung anstatt in die Anerkennung und Annahme der archetypischen Bedeutungsinhalte für das allgemeine menschliche Sein und Handeln, so auch das seiner selbst.

Symbolisches Verstehen

Um die vielfältigen archetypischen Aspekte der menschlichen Psyche verstehen zu können, bedarf es eines symbolischen Verstehens. Der Symbolbegriff lässt sich ableiten von dem griechischen Wort „sýmbolon" oder auch „zýmbolon", was in seiner Übersetzung soviel wie Übereinkunft, Vertrag, Zeichen, Kennzeichen, Wahrzeichen, Merkmal, Signal, Zusammentreffen von Umständen, Begegnung, Vorzeichen heißt (vgl. Gemoll, 1979).

„Sýmbolon" setzt sich zusammen aus den beiden griechischen Worten „sýn", auch „zýn", und „bállein". „Sýn" oder „zýn" wird übersetzt mit zusammen, zugleich, gleichfalls. Die Übersetzung von „bállein" lautet werfen schleudern, treffen, auch verwunden, sich bewegen, erwägen, überlegen (vgl. ebd.). „Sýn" oder „zýn" und „bállein" weisen auf die wesentlichen Aspekte hin, welche das Symbol im analytisch psychologischen Sinne kennzeichnen.

In der entsprechenden Psychologie lässt sich der Begriff „Symbol" mit Sinnbild ausdrücken.Das Symbol ist als Sinn dem Bewusstsein, dem Rationalen zugeordnet, als Bild, dem Unbewussten, dem irrationalen Bereich. Im Symbol werden unterschiedliche, oft sind es polare Aspekte im Menschen, miteinander in Verbindung gebracht und gewissermaßen ineinander verwickelt.

Das Symbol weist hin auf einen übergreifenden Sinn, der nur in der Gesamtschau der Aspekte, nicht im Einzelgebilde erkennbar wird. Dieser trifft den Menschen, verwundet ihn gewissermaßen, gibt ihm die Zielrichtung vor, setzt etwas in ihm in Bewegung. Der Mensch fühlt sich ge- und betroffen. Während ein von außen kommendes Symbol tiefe Seeleninhalte im Menschen wachzurufen vermag, können aus dem Inneren des Menschen auftauchende Symbole unbewusste Aspekte seiner Existenz ins Bewusstsein überführen.

So hat das Symbol gleichermaßen Ausdrucks- wie Eindruckscharakter. Es drückt innerpsychisches Geschehen bildhaft aus und treibt den Strom des psychischen Ablaufs weiter, indem es durch seinen Ausdruck Eindruck macht. Ein Seeleninhalt, genauer noch eine Essenz, die bewusst gemacht werden möchte, offenbart sich dem Menschen in immer wieder neuer Gestalt, wandelt sich beständig weiter. Die für den Menschen dabei relevante Essenz bleibt die Gleiche. Die entsprechenden Symbolbilder tauchen solange und wiederkehrend im Außen und Innen auf, bis der betroffene Mensch ihren Inhalt, ihre Botschaft an ihn, bewusst erkannt hat.

Der Analytischen Psychologie geht es nicht in erster Linie um die Konkretisierung und Nutzbarmachung des Symbols, sondern vielmehr um das Gewinnen einer „symbolisierenden Einstellung".

Mit ihr verbindet sich eine Art der Wahrnehmung und des Erlebens, welche dem Menschen ermöglicht, die Dinge der Welt in eigener Weise zu betrachten. Sie ist ein Kernelement des Schöpferischen und Religiösen, bringt den Menschen in Kontakt mit dem Leben und lässt ihn seine Lebendigkeit verstärkt spüren.

Ein wesentlicher Faktor dafür ist, dass Symbole nicht vorschnell festgelegt werden, sondern in ihrer neuen, einmaligen, bisher so nicht da gewesenen, schöpferischen Gestalt, in der sich Aktuelles und Biographisches, Archetypisches und Finales miteinander vermischen, lebendig sein können.

In diesem Sinne zeigt gerade auch der Blick in die symbolische Welt die Probleme auf, die sich aus der patriarchalen Entwicklungsgeschichte für die Mitwelt, Umwelt und innere Welt des einzelnen Menschen wie für das Kollektiv ergeben haben und gibt die Entwicklungsrichtung vor.

Ausgehend von dieser mikro- und makrokosmischen Perspektive spiegelt sich in jedem Menschen die Erde und weit darüber hinaus der ganze Kosmos. Umgekehrt ist die Erde in ihrem Sein Spiegel der menschlichen Existenz. Sie ist innere und äußere Erde zugleich. Wie die Erde ist der menschliche Körper fest gewordene Energie, durchpulst von Energie, die wiederum durchdrungen ist vom tiefenpsychologisch verstandenen Selbst. In der Erde wie im weiblichen Körper tritt der Archetyp der „Großen Mutter" in Erscheinung. Beide symbolisieren die Aspekte des Lebens, die sich vor allem auf die irdischen, materiellen und biologischen Grundlagen von Existenz als der eigentlichen Lebensbasis des Menschen beziehen. Zu ihr gehören ganz besonders die körperlichen Bedürfnisse und natürlichen Instinkte. Allem Anschein nach kann der Mensch den so kostbaren Wert der Erde und seiner irdischen Existenz innerlich wie äußerlich nicht mehr wirklich fühlen und erkennen.

Hoffnungslose Folgen „weiblicher“ Abspaltung?

Fehlende Geborgenheit – Verlust von Heimat und Wurzeln

Mit der Abspaltung und Verdrängung des „Weiblichen“ geht der Verlust von Heimat einher. Abspaltung wie Verlust werden in der Zerstörung der Erde durch den Menschen wie in der Zerstörung des menschlichen Körpers sichtbar. Der Mensch vernichtet seine Geburtsstätte und im doppelten Sinne sein „oikos“, in dem er lebt und wohnt.

Aktuelle weltpolitische Probleme wie die Verwüstung menschlicher Heimat durch Kriege und die damit einhergehende Flüchtlingsthematik finden sich wiederholt in der patriarchalen Kulturgeschichte. Ebenso finden sich in der Geschichte wiederholt Krankheitsepidemien, die den Menschen in seinem Körper dahin raffen. Kriege, Flucht, Siechtum können als Abspaltung vom „Weiblichen“ verstanden werden. Dazu kommt das zunehmende Isolations- und Einsamkeitserleben des Menschen. Ihm fehlt der Kontakt zur Erde, die für ihn äußere und innere Heimat zugleich ist. In der selbst initiierten Entfremdung kann er die urtümliche Geborgenheit, die die lebendige Erde ihm schenkt, nicht mehr spüren.

Fehlende Lebendigkeit – Verlust von Natur und Natürlichkeit

Mit der Abspaltung und Verdrängung des „Weiblichen" geht dem Menschen auch seine symbolisierende Einstellung zum Leben und mit ihr seine äußere wie innere Lebendigkeit verloren.

Viele Menschen äußern, dass sie ihr Eingebundensein in den ewigen Rhythmus, der den beständigen Wechsel von Werden-Sterben-Werden beschreibt, nicht mehr spüren können. Möglicherweise führt sie dieser Verlust von Natur und Natürlichkeit zum Mangel an eigenem Identitätserleben. Ungelebte, in die Tiefe der menschlichen Seele hinab gedrängte Schattenaspekte, brechen sich zunehmend Bahn. Sie führen ein mehr oder weniger unkontrollierbares Eigenleben in der Mitwelt, Umwelt und Innenwelt des Menschen. Unvorhersehbare, bisher so vielleicht nie da gewesene Umweltkatastrophen oder die weltweit wachsende Gefahr der Terroranschläge spiegeln möglicherweise etwas von dem Verlust und der Verselbstständigung abgespaltener Schattenaspekte wider.

Fehlende Körperlichkeit – Verlust von Sinnlichkeit und Endlichkeitserleben

Auch die fehlende Körperbezogenheit des modernen Menschen lässt sich in Verbindung bringen mit der

Abspaltung und Verdrängung des „Weiblichen". Die Abwertung des menschlichen Körpers, insbesondere des weiblichen, wie sie die patriarchale Kultur- und Religionsgeschichte dem Menschen vermittelt, und die weitgehende Verdrängung seiner Existenz ins Unbewusste des Menschen befördern die energetische Aufladung der verdrängten, vornehmlich dunklen Anteile. Körperliche und sexuelle Gewalt, die vor allem Frauen und Kinder zum Opfer des Geschehens werden lässt, tritt an die Stelle erfüllt gelebter Sexualität und Sinnlichkeit. Krankheitsepidemien, die früher Pest und Cholera, heute Aids und Krebs heißen, führen dem Menschen seine Endlichkeit und Vergänglichkeit, die er zusammen mit seinem Körper von sich abgespalten hat, drastisch vor Augen. Tiefenpsychologisch betrachtet können gerade auch die Erkrankungen, die den modernen Menschen dahinraffen, auf den mangelnden Bezug zum „Weiblichen" hinweisen.

Fehlende Bezogenheit – Verlust von Liebe und Mitgefühl

Abspaltung und Verdrängung des „Weiblichen" lassen sich außerdem in Zusammenhang bringen mit der fehlenden Bezogenheit des patriarchal geprägten Menschen auf seine Mitwelt, Umwelt und innere Welt. Das Empfinden von Zugehörigkeit und Verbundenheit weicht der angstmachenden Leere.

Vergleichbar dem Mangel an Geborgenheitserleben führt der Verlust von Bezogenheit zu Einsamkeit und Isolation. Möglicherweise treibt die Entfremdung auf allen Ebenen den Menschen aus Frust, Resignation und Verzweiflung in fremdzerstörerische wie selbstdestruktive Handlungsweisen hinein. Die fehlende Beziehung des Menschen zum Leben lässt ihn auch die Emotion der Liebe nicht mehr wirklich spüren. Mit ihrem Verlust geht der Verlust an Mitgefühl für das Leben einher. Stattdessen breiten sich Narzissmus und Egoismus weiter aus. Sie befördern den Anthropozentrismus. Der vom patriarchalen Bewusstsein geprägte Mensch versteht sich nicht als Teil der Natur, sondern als Herrscher über sie.

Fehlende Dankbarkeit – Verlust von Urvertrauen und Daseinsfreude

Das Erleben von Geborgenheit und Bezogenheit kann Vertrauen schaffen und die Daseinsfreude wecken. Es vermittelt dem Menschen Sicherheit, die ihn in seiner Existenz als Spezies Mensch auf dem Planeten Erde gelassen und fröhlich sein lässt. Möglicherweise nimmt der Mensch wirkliche Freude kaum mehr wahr. Mit der Abspaltung und Verdrängung des „Weiblichen" schiebt er seine emotionalen Fähigkeiten weit weg von sich, hinein in die Welt des Unbewussten. Emotionalität wird im Patriarchat ein niederer Wert zugesprochen. Vielmehr gilt die

Welt der Emotionen als gefährlich. Für eine Kultur, in der nur die Vernunft zählt, wirkt die Emotion bedrohlich auf den Menschen. Vermutlich kann sich im einseitig geprägten, von den archetypisch männlichen Prinzipien dominierten, Menschen ein Empfinden von Dankbarkeit für die eigene Existenz wie für die Existenz allen Seins bei fehlendem Urvertrauen und fehlender Daseinsfreude kaum einstellen.

Trotz all der Probleme und Verluste im Blick auf die Zukunft des Menschen und der Erde zeigt Neumann sich optimistisch:

Wenn wir aber das Ganze dessen übersehen, was uns geschehen ist und geschieht, wenn wir realisieren, wie dieser moderne Mensch, ohne noch aus dieser Krise herausgetreten zu sein, überall nicht nur das Jahrtausende alte Gehäuse seiner Wirklichkeit zerbricht, sondern überall auch schon von einem durchbrechenden Licht neuer Erkenntnis getroffen wird, dann ist kein Anlass zu verzagen. Weil die Welt, die der abendländische Mensch zu integrieren hat, gemessen an dem, was dem Menschen früher zugemutet wurde, ungeheuerlich ist, ist es allzu verständlich, dass er immer wieder von diesen Übermaßen überwältigt wird.
(Neumann, 1961, S. 128 f.)

5. Spuren heraus aus der ökologischen Bedrohung

Seit wenigen Jahrzehnten ist unter den Menschen weltweit ein Öko-Bewusstsein zu beobachten, das sich zunehmend auszuprägen beginnt. Es wächst heran neben der sich offenbar ebenso weiter ausbreitenden Ignoranz hinsichtlich der ökologische Brisanz. Fragen und Themen, die um den Umweltschutz kreisen, spielen für Einzelne, für Gruppen, Institutionen und Organisationen, die sich um ein ökologisches Bewusstsein bemühen, verstärkt eine Rolle.

Die Entstehung von Umweltbewegungen zeigt das Interesse vieler, sich politisch für eine ökologische Zukunft der Erde engagieren zu wollen. In Bezug auf die landwirtschaftliche Entwicklung nehmen zahlreiche Menschen die Beförderung einer erdgerechten Produktion mehr in den Blick. Sie setzen sich ein für eine nachhaltige Bewirtschaftung durch qualitativ hochwertige Produkte, die in die natürlichen Kreisläufe eingebunden sind (vgl. Meyer, 2013).

Das langsame Begreifen der Menschen, selbst Teil der Erde zu sein, konfrontiert sie auch zunehmend mit ihrer Abhängigkeit von ihr. Sie beginnen zu verstehen, dass es höchstwahrscheinlich Beziehungen gibt zwischen manchen Erkrankungen und der Verschmutzung von Erde und Luft. Auch scheinen sich zahlreiche Menschen mehr und mehr der Belastungen bewusst zu werden, die sich aus der durch sie selbst hervorgerufenen Klimaveränderung für sie und ihre Umwelt sichtbar und spürbar ergeben.

Ich glaube, dass eine weiter wachsende, von Beachtung, Liebe und Wertschätzung geprägte Beziehung der Menschen zu sich selbst, zu ihrer Mitwelt und Umwelt eine heilsame Fortentwicklung auf dem Planeten Erde befördern könnte. Im Folgenden stelle ich exemplarisch unterschiedliche Menschen vor, die sich der Beschäftigung mit der ökologischen Thematik in besonderer Weise annehmen. Dabei würde ich mir wünschen, sie und ihre Botschaften könnten in uns Hoffnung wecken, Impulse geben und uns zu konkretem Sein und Handeln im Blick auf die Zukunft von Mensch und Erde anregen.

Sandra Ingerman:
Wesentliche Elemente im Blick auf Wandlung

Die Schamanin Sandra Ingerman (2011) sieht den Beginn eines globalen Wandels in der Konzentration auf das Wiederentdecken der inneren Erde jedes einzelnen Menschen mit ihren jeweiligen Licht- und Schattenaspekten, ähnlich wie die Tiefenpsychologie es mit der Wendung hin zum Unbewussten beschreibt. Sie formuliert, dass viele Schamanen der Ansicht seien, der heutige Mensch träume den falschen Traum. Er sehe sich als Opfer der Umwelt und des Lebens an, woraus Keimlinge wie Furcht, Wut, Hass, Verzweiflung und Dunkelheit hervorgingen. Für die Schamanin bedarf es als ersten Schritt einer Wendung nach innen, bevor die positive Wirksamkeit des Menschen in der äußeren Welt folgen kann. Die wiederentdeckte Innenwelt gilt es dann mit der äußeren Welt dergestalt zu verbinden, dass beide Welten im Einklang miteinander erlebt werden können.

Mit anderen Worten geht es für die Schamanin darum, dass die Erde und der auf ihr lebende Mensch als lichter Klang erfahren werden. Um einen solchen Wandlungsprozess der Licht- und Schattenaspekte im Inneren des jeweiligen Menschen einzuleiten und zu befördern, bedarf es verschiedener Elemente. Ingerman spricht von Absicht, Liebe, Harmonie, Einheit, Aufmerksamkeit, Konzentration und Vorstellungskraft. Die einzelnen Aspekte stehen in untrennbarem Zusammenhang miteinander und führen im Gewahrwerden ihrer Ganzheit zur Einheit des Menschen mit der Erde zurück. Ihrer Ansicht nach hat das Getrenntsein vom Geist alles Lebenden und von der eigenen Göttlichkeit zur Vergessenheit der menschlichen Verbundenheit mit der Natur und letztlich zur Umweltkatastrophe geführt. Die gelingende schöpferische Partnerschaft mit den Naturgeistern führe zur Einheit des Menschen mit der Natur des Göttlichen zurück.

*Denn schließlich sind wir Teil dieser Welt aus
Bäumen, Sträuchern, Insekten, Vögeln, Vier-
beinern, Felsen, Wasser, Feuer, Luft, Erde,
Sonne, Mond, Wolken und Sternen.*

(Ingerman, 2011, S. 217)

Eine wachsende Bewusstwerdung des Menschen hinsichtlich seiner Verbundenheit mit der Erde, ihrer mächtigen Wirkkraft und seiner Ohnmacht der Erde gegenüber beginnt zunehmend etwas wie Ehrfurcht in ihm wachzurufen. Eine vergleichbare Haltung, wie Ingerman sie offenbar zu beschreiben versucht, wird auch in Bezug auf die Vorfahren im einstigen matriarchalen Zeitalter angenommen.

Wangari Maathai: Die Grundwerte für das Greenbelt Movement

Die Umweltaktivistin, UN-Friedensbotschafterin und Gründerin des Green Belt Movement Wangari Maathai spricht mit Blick auf das tief verborgene Menschheitswissen von der Quelle. Sie ist der Ort aller Erkenntnis und allen Bewusstseins, in dem das dem Menschen unerklärlich Erscheinende verborgen liegt. Die Quelle gleicht dem, was von manchen Gott, von anderen Natur und von wieder anderen Schöpferkraft genannt wird. Zu ihrer Existenz bemerkt sie:

Auch wenn Gott die Quelle ist, so werden wir doch nicht grenzenlos mit allem versorgt, was unser Herz begehrt. (…) Der Fluss oder die Quelle kann austrocknen, und was für unerschöpflich gehalten wurde, ist plötzlich ausgebeutet. Unsere menschliche Fähigkeit Grenzen zu verstehen und die Tatsache anzuerkennen, dass wir auf einem Planeten mit begrenztem Naturkapital leben, hält mit den Erkenntnissen der Wissenschaft nicht Schritt. (…)

In keiner Weise wird sich die notwendige Heilung von allein ereignen; sie wird mit viel Arbeit verbunden sein. Denn die Wunden, die der Erde geschlagen wurden, sind tief. Wenn wir uns nicht am Heilungsprozess der Erde beteiligen können oder wollen, dann wird die Erde vielleicht auch nicht mehr für uns sorgen.
(Maathai, 2012, S. 19 und S. 21)

Für Maathai liegt im inneren und äußeren, von Leidenschaft geprägten Engagement für die Erhaltung und Fortentwicklung von Erde und Menschheit Sinn und Berufung eines menschlichen Daseins auf dem Planeten Erde. Mit Blick auf die Entwicklung und Basis des Green Belt Movement – der von ihr gegründeten und weltweit anerkannten Initiative, die sowohl Bäume, als auch Ideen pflanzt -, beschreibt sie vier grundlegende, universal gültige Wertvorstellungen, in deren Charakter sich eine Verbindung von ökologischem und spirituellem Bewusstsein findet. Es sind dies die Liebe zur Umwelt, Dankbarkeit und Achtung gegenüber den Ressourcen der Erde, Selbstermächtigung und Selbstverbesserung und der Geist des Dienens und des ehrenamtlichen Engagements.

Maathai sieht die Liebe, von der sie spricht, an als eine Gestalt von Liebe, die im Menschen das Bedürfnis weckt, sich förderlich für die Erde einsetzen zu wollen. Dankbarkeit und Achtung gegenüber den Resourcen der Erde veranlassen den Menschen dazu, die drei „R" umzusetzen, nämlich das Reduzieren, Wiederverwenden (engl.reuse) und das Recyclen.

Mit den Aspekten der Selbstbemächtigung und der Selbstverbesserung verbindet Maathai den Wunsch, von der Fremdbestimmtheit immer weiter in die Selbstbestimmung hineinzuwachsen. Der Geist des Dienens und des ehrenamtlichen Engagements bedeutet für sie eine Weise der Selbsthingabe in Bezug auf eigene Zeit, Kraft und Ressourcen, die keine Entschädigung, Dankbarkeit oder Anerkennung als Gegenleistung erwartet oder fordert. Die Verwirklichung der vier genannten Aspekte zeigt ihrer Ansicht nach einen möglichen Weg auf, der zur Heilung der Schöpfung gereichen kann.

Ingrid Riedel:
Die ökologische Krise als kollektive Botschaft des Unbewussten – Wiedergewinnung von Lebensliebe und Lebenskraft als Lösungswege

Auch die bereits mehrfach erwähnte Analytische Psychologin und Psychotherapeutin Ingrid Riedel (1994, 2013) beschäftigt sich intensiv mit der ökologischen Krise. Sie überlegt, inwieweit der Mensch die Bewusstwerdung der Krise und seine mögliche Mitverantwortung dafür überhaupt zulässt. Verantwortungsvolles Handeln bezüglich der sich weiter und weiter zuspitzenden Krisensituation sei bis auf wenige Individuen im Kollektiv der Menschheit nach wie vor nicht zu beobachten. Ihrer Ansicht nach könnte eine unbewusste Angst, wie sie im Buch an anderer Stelle bereits angesprochen worden ist, als Gegenpol zum Wissensdurst des heutigen Menschen den Prozess blockieren.

Für Riedel gehört zum Bewusstsein nicht nur rationales Wissen. Bewusstsein erwächst außerdem aus der konkreten Erfahrung mit der Welt, mit sich selbst, mit Emotionalität, Intuition, Spiritualität. Darüber hinaus gehöre zum Bewusstsein das entsprechende Navigationsvermögen.

Riedel überlegt, ob ein um die genannten Aspekte erweitertes Wissen hinsichtlich der ernsthaften Gefährdung der Erde und der Spezies Mensch in diesem eine so große Angst erzeuge, dass er dieses

Wissen lieber tief ins Unbewusste zu verdrängen versucht und in seiner Ohnmacht nach außen ignoriert. Sie motiviert dazu, sich der Angst zu stellen. Ihrer Ansicht nach handelt es sich im tiefsten Urgrund um pure Todesangst. Weil der Mensch diese in ihrer nackten Existenz nicht zulassen könne, verschiebe er sie unbewusst auf die Angst vor den Kosten und Opfern, die der Versuch, die Schöpfung zu bewahren und Leben zu erhalten, mit sich bringen würde.

Riedel vergleicht das entsprechende Verhalten mit dem suchtkranker Menschen, die aus Angst vor den Opfern, die mit dem Gesundwerden für sie einhergehen würden, lieber die Lebensgefahr verdrängen, in der sie sich aktuell befinden.

Die Angst im Kontext der ökologischen Krise vermische sich für viele Menschen außerdem mit biographischen Angsterlebnissen. Aus diesem Grund bräuchte es Riedels Meinung nach noch ein stärkeres Signal als die Weckfunktion der Angst, so dass Menschen sich nicht mehr länger den ökologischen Krisenbotschaften, die im Unbewussten ihrer selbst schlummern, beispielsweise in den nächtlichen Träumen, verschließen. Zum Signal, das ihrer Überzeugung nach die Krise lösen könnte, äußert sie:

Ein vom Unbewussten abgekoppeltes Bewusstsein schafft solches Standhalten meines Erachtens nicht. Es müsste vielmehr, soweit dies menschenmöglich ist, zur

schöpferischen Urenergie des Lebens selber vorgedrungen werden, zur Lebensenergie, zum Lebenswillen, der der tiefsten Schicht des Unbewussten entspringt.
(Riedel, 2013, S. 11)

Riedel ist davon überzeugt, dass der Mensch nicht allein vom Gewissen her die Kraft gewinnen könne, die er brauche, um die Rückverbindung mit der Erde, die zugleich die Rückverbindung mit Körperlichkeit, Weiblichkeit und Geborgenheit im Leben bedeutet, wiederzugewinnen und die Schöpfung zu bewahren. Vielmehr entspringe diese Kraft einer tiefen Liebe zum Leben und zu allem Lebendigen. Aus dem Zulassen der Botschaften des Unbewussten könnten Lebensliebe und Lebenskraft erwachsen.

Riedel versteht unter dieser Liebe vor allem ein Mitleiden, das erforderlich ist, um menschlich zu bleiben in Anbetracht all des Unmenschlichen, das sich um den Menschen herum ereignet.

Die Lebenskraft findet besonderen Ausdruck im kreativen Tun und schöpferischen Gestalten. Sie sieht die Kreativität neben dem Mitleiden als das zweite an, das dem Menschen in Anbetracht der bedrückenden Fortentwicklung der ökologischen Krise noch gegeben ist. Ihrer Ansicht nach setzen sowohl der Schaffensprozess an sich wie die Ausstrahlung und Wirkung des Geschaffenen heilende Kräfte frei. Beide, Lebensliebe und Lebenskraft, können dem Bereich des archetypisch „Weiblichen" zugeordnet werden. In dieser Weise macht Ingrid Riedel die Notwendigkeit der

Bewusstwerdung des Menschen wie das dafür erforderliche Verstehen des Zusammenspiels von Unbewusstem und Bewusstsein deutlich. Nur so kann ihrer Ansicht nach aus Wissen ein mitfühlendes Bewusstsein werden, das zu verantwortungsvollem Handeln führt und die Rückverbindung des Menschen mit der Erde, mit Körperlichkeit, Weiblichkeit und Geborgenheit im Leben möglich macht.

Riedel weist besonders auf die kollektiven Botschaften hin, die sich in Anbetracht der ökologischen Krise im Unbewussten des Menschen inkarnieren. Beispielsweise in der Gestalt der Träume trägt sich das schöpferische Potential nach außen. Hinsichtlich der Träume einiger weniger Menschen, die die ökologische Krise in ihrer kollektiven Brisanz explizit zum Inhalt haben, meint Riedel unter Einbezug ihrer Angsthypothese:

(…) Meiner Beobachtung nach werden solche Träume vor allem denen geschenkt, die die Gefährdung sehr ernst nehmen, die aber der Angst begegnen und sie nicht verdrängen. Es sind die Träume derer, die sich der Bedrohung, ihrer lange unbewusst gebliebenen Angst und ihrer wachen Verantwortung bewusst geworden sind.

(Riedel, 2013, S. 13)

Hans Küng:
Integrative humane Konzeption

Einhergehend mit dem wachsenden ökologischen Bewusstsein und der spirituellen Sehnsucht nach Ganzheit, Einheit und Transzendenz wird seit wenigen Jahrzehnten auch die Frage nach einer globalen Ethik wach.

Der Theologe und Präsident der Stiftung Weltethos Hans Küng (1998, 2010) spricht vom Fehlen einer realistischen zukunftsweisenden Vision und fragt an, ob der Mensch inmitten des epochalen Paradigmenwechsels, in dem Welt, Politik, Wirtschaft und Kultur sich befinden, in Bezug auf sein geistiges Fundament nicht wenigstens eine Grundorientierung für die Gegenwart im Blick auf die Zukunft anstreben sollte.

Als Ziel und Kriterium einer Weltökologie sieht er den Menschen inmitten einer lebenswerten Umwelt. Im Blick auf die Zukunft ist für ihn wesentlich, dass dieser immer Kriterium und Ziel bleiben muss. Er darf niemals nur zum Mittel gemacht werden, worunter er Aspekte wie Geld, Kapital und Arbeit versteht, auch Wissenschaft, Technik, Industrie. Bei jeglichem Einsatz eines dieser Mittel gilt es zu prüfen, ob und inwieweit es dem Menschen (als Individuum und Gattung) zur Entfaltung in einer lebenswerten Umwelt dient. Küng vertritt eine integrative humane Konzeption. Er versteht unter ihr eine

> *Humanität in kosmischem Kontext, wie dies*
> *von alters her mehr in der indischen und chine-*
> *sischen Spiritualität betont wurde als im christ-*
> *lichen Abendland. Statt der ausbeuterischen*
> *Herrschaft des Menschen über die Natur die*
> *Eingebundenheit des Menschen in die Natur.*
>
> (Küng, 1998, S. 328)

Auch für ihn bedarf es eines Bewusstseinswandels. Seiner Ansicht nach braucht die Realisierung einer integrativen humanen Konzeption ein generations- und kulturübergreifendes Bewusstsein, das von Dankbarkeit und Vorsorge geprägt ist. Vornehmlich in den Bereichen der Politik und der Wirtschaft geht es in seinen Augen um einen neuen Sinn für Verantwortung.

Dalai Lama:
Appell an die Welt – Notwendigkeit einer neuen Ethik jenseits aller Religionen

Der Dalai Lama appelliert mit Blick auf eine neue Ethik an die Welt,

> *dass wir im 21. Jahrhundert eine neue Ethik jen-*
> *seits aller Religionen brauchen. Ich spreche deshalb*
> *von einer säkularen Ethik, die auch für über eine*
> *Milliarde Atheisten und für zunehmend mehr Ag-*
> *nostiker hilfreich und brauchbar ist. Wesentlicher als*
> *alle Religion ist unsere elementare menschliche Spi-*
> *ritualität. Das ist eine in uns Menschen angelegte*

Neigung zur Liebe, Güte und Zuneigung – unabhängig davon, welcher Religion wir angehören. (…)

Unser gemeinsamer Weg heißt doch: Mehr Achtsamkeit gegenüber allem Leben, auch gegenüber Tieren und Pflanzen. (…) ich habe gesagt, dass ich manchmal den Eindruck habe, dass es der Erde ohne Menschen besser ginge. (…)

Und so können wir daran arbeiten, die Umwelt zu bewahren (…) Es ist meine Überzeugung, dass die menschliche Entwicklung auf Kooperation und nicht auf Wettbewerb beruht.

(Dalai Lama/Alt, 2015, S. 15 f., S. 18, S. 20)

Die Erd-Charta: Visionäre Leitlinien eines globalen Neuanfangs

Eine solch grundlegende neue ethische Orientierung, gerade im Blick auf die ökologischen Fragen, bietet möglicherweise die Erd-Charta. Sie fand ihre Entstehung an der Schwelle zum neuen Jahrtausend als inspirierende Vision mit dem Ziel, einen weltweiten Dialog über eine globale Ethik zum Aufbau einer gerechten, nachhaltigen und friedlichen Welt lebendig zu halten. Fundament der Vision bilden die Achtung vor der Natur, die allgemeinen Menschenrechte, soziale und wirtschaftliche Gerechtigkeit und eine Kultur des Friedens.

Die Charta sieht eine Zukunft für die Spezies Mensch im Heranreifen einer globalen Partnerschaft und der Übernahme gemeinsamer Verantwortung für die weltweiten ökologischen, ökonomischen, kulturellen, ethischen und spirituellen Probleme. Ehrfurcht vor dem Geheimnis des Seins, Dankbarkeit für das Geschenk des Lebens und Bescheidenheit hinsichtlich des Platzes des Menschen in der Natur stärken das gemeinsame Empfinden von Solidarität. Und sie befördern das Erkennen der Verwandtschaft des Menschen mit allem Lebendigen.

Neben dem erforderlichen Bewusstseinswandel weist die Erd-Charta ebenso auf den notwendigen Herzenswandel hin, wie er in den indianischen Versen zu Beginn des Buches anklingt. Die kulturelle Buntheit als unschätzbares Erbe wird in ihrer Vielfalt dabei ganz unterschiedliche Wege aufzeigen, die der Erd-Charta zugrunde liegende Vision zu verwirklichen. Die gemeinsame Suche kreise um die Versöhnung von Vielfalt und Einheit, von Freiheit mit Gemeinwohl, von kurzfristigen Anliegen mit langfristigen Zielen.

Am Ende der Erd-Charta finden sich ganz hoffnungsvolle Worte:

> *Lasst uns unsere Zeit so gestalten,*
> *dass man sich an sie erinnern wird*
> *als eine Zeit,*
> *in der eine neue Ehrfurcht vor dem Leben erwachte,*
> *als eine Zeit,*
> *in der nachhaltige Entwicklung*
> *entschlossen auf den Weg gebracht wurde,*
> *als eine Zeit,*
> *in der das Streben nach Gerechtigkeit und Frieden*
> *neuen Antrieb bekam und*
> *als eine Zeit*
> *der freudigen Feier des Lebens.*
>
> (Eine Welt/Bund, 2001, S. 16)

6. Die Erde als spirituelles Symbol

Im Zusammenhang einer intensiven Beschäftigung mit der Erde lässt sich auch die spirituelle Frage stellen. Sie beschäftigt sich damit, ob die Erde in Zusammenhang mit einer zeitgemäßen Spiritualität gebracht werden kann. Weitergehend stößt sie Überlegungen an, die dahin zielen, die Erde nicht nur in den Kontext mit ihr gestellt zu wissen, sondern sie darüber hinaus als Basis und Ausgangspunkt, als Ziel und Endpunkt sowie als innersten Kern einer zeitgemäßen Spiritualität aufzufassen. Hierzu versuche ich einige Beispiele von Menschen im Verlauf der Geschichte aufzuzeigen, in deren Sinnerleben die Erde eine ausnehmend bedeutsame Rolle spielt. Es lassen sich meinem Empfinden nach vergleichbare Aspekte entdecken, wie das Buch sie in seiner Grundbotschaft ausdrücken möchte.

Hildegard von Bingen:
Kosmische Spiritualität

Die Äbtissin, Apothekerin, Dichterin, Komponistin, Prophetin, Heilkundige, Visionärin und Naturforscherin Hildegard von Bingen (1098-1179) ist der Überzeugung, dass Gott allem Leben, so auch dem Menschen, mit Wohlgefallen ins Gesicht schaut.

Neben der befreienden Wirkung dieser Überzeugung stellt sie den Menschen vor die Aufgabe, tolerant und rücksichtsvoll mit der Mitwelt und Umwelt, umzugehen, da alles Leben Gottes heilenden Geist atmet. Als Leib-Geist-Seele-Einheit ist der Mensch Spiegel aller Gotteswunder. Riedel beschreibt Hildegards Erleben folgendermaßen:

> *Hildegard begreift den ganzen Kosmos, Wind, Tau und Regenluft, Kräuter und Gräser, alles durchwirkt von göttlichem Atem, oder mit jenem polaren Bild, das ihr nicht weniger wichtig ist: „durchpulst von lebendigem Grün". Alles ist aufeinander bezogen, alles stiftet Beziehung und ruft den Menschen zur Bezogenheit auf.*
> (Riedel, 2010, S. 41)

Ihre leib-, lebens- und seelenbezogene Spiritualität, die nicht die Verbindung der einzelnen Seele zu Gott zum Hauptthema hat, sondern das Eingebundensein in die kosmischen Zusammenhänge, lässt den Menschen psycho-somatische Zusammenhänge erkennen, um auch an Krankheit und Leiden wachsen und reifen zu können. Und sie ermutigt den Menschen, seine Begrenztheit und Endlichkeit anzunehmen. Für Hildegard ist der Mensch von Anfang an gesegnet. Sein Gesegnetsein kann für ihn im Hier und Jetzt erfahrbar werden und ihn zum Verbundenheitserleben mit seiner Mitwelt und Umwelt führen. Der Theologe und spirituelle Autor

Pierre Stutz sieht die Basis für Hildegards Hoffnung und Leidenschaftlichkeit im Christusereignis,

> *das von einem menschgewordenen Gott erzählt, der uns sichtbar werden lässt, was in unserem innersten Seelengrunde angelegt ist: „ein Verlangen nach dem Kusse Gottes". Dieses intim-dialogische Geheimnis ist nicht nur sehr persönlich, sondern hat zugleich eine kosmische Dimension. Dasein können, einfach leben, innehalten und verweilen im Augenblick wird zur Lebensaufgabe, weil wir sinnstiftend erleben können, wie die ganze Schöpfung und der Kosmos „vom Kuss des Schöpfers" belebt wird.*
>
> (Stutz, 2008, S. 41)

In der Gestalt musikalischer Bilder, die ihrer eidetischen und audiovisuellen Begabung entspringen, versucht Hildegard der verbindenden Wirklichkeit Ausdruck zu verleihen. Für sie trägt die Seele die Symphonie Gottes in sich, die wohl- und in sich selbst klingend auch die Verstimmtheiten des Menschen in sich birgt.

> *Alles ist ein „Urklang aus der Ordnung Gottes". In der Kraft des Daseins und des Verweilens können wir die göttliche Schwingung wahrnehmen, die uns zum Innehalten bewegt, weil wir alle viel mehr sind als unsere Leistung.*
>
> (Stutz, 2008, S. 41)

Nach ihrem Werk „Scivias" (Wisse die Wege), mit dem sie im Alter von 43 Jahren ihre Visionen, die sie von Kindheit an begleiten, niederzuschreiben beginnt, ihren medizinischen Schriften „Liber simplicis medicinae" (Physica, Naturkunde) und „Liber compositae medicinae" (Causae et Curae, Heilkunde), an die sie sich in ihren fünfziger Jahren begibt, und dem „Liber vitae meritorum" (Buch der Lebensvergeltung), das sie im Alter von 60 Jahren anfängt zu schreiben, entsteht in ihren Siebzigerjahren das bedeutendste Werk Hildegards, das Liber „divinorum operum". Riedel beschreibt es als

> *eine einzige gewaltige Vision des Kosmos und der Stellung des Menschen, eines Mikrokosmos in ihm. Der Mensch gilt ihr als schöpferisches Glied, das mit dem Ganzen, mit allen Geschöpfen und Schöpfungskräften, vor allem aber mit dem Schöpfer selbst auf einzigartige Weise verbunden und vernetzt ist. Aus dieser Stellung des Menschen in kosmischer, geschwisterlicher Nachbarschaft zu allem, zu Umwelt und Mitwelt, leitet sie ihre Ethik und ihre Gesundheitslehre ab.*
>
> (Riedel, 2010, S. 25)

Eine ihrer bekanntesten Visionen, die sie im „liber divinorum operum" niederschrieb, zeigt eine gewaltige, kosmische Gestalt, die das Firmament in ihrem Schoß hält. Erfüllt von flammend göttlicher Liebe umarmt und umfängt sie den ganzen Kosmos. Die im Kreisrund des Kosmos, im kosmischen Rad, enthaltenen Tierkreiszeichen symbolisieren für Hildegard die sanften und wilden kosmischen Kräfte, die alle miteinander vernetzt sind.

Die menschliche Verantwortung erwächst diesem Eingebundensein des Menschen in das kosmische System. So macht Hildegard ihn auch verantwortlich für die wachsenden ökologischen Probleme. Ihrer Ansicht nach ist vor allem er es, der die Elemente durcheinander bringt und vergiftet. In der besagten Vision steht der Mensch mitten im kosmischen Kraftfeld in größtmöglicher Freiheit da. Die Fäden hält er in der Hand und ist umfangen vom Feuerkreis der göttlichen Liebe. Unter dem Liebesfeuerkreis sieht Hildegard einen dunklen Feuerkreis, das „Dunkelfeuer Gottes". Sie bringt ihn mit dem Zorn Gottes und allen Widersprüchen in der Welt in Verbindung.

Bis heute wirkt Hildegards intuitive Schau von Natur und Kosmos, ihre Überzeugung eines geschwisterlichen Eingebundenseins des Menschen in dieses größere Ganze und ihre daraus entwickelte ganzheitliche Medizin und Heilkunst anziehend auf den Menschen. Hildegard besaß offenbar ein Talent, ihre imaginativen und visionären Fähigkeiten mit ihrer konkreten Zuwendung zur äußeren Natur zu verbinden. Besonders ihre Vorstellung der „nobilissima viriditas", der „alleredelsten Grünheit", als Farbenergie der Hoffnung und symbolische Wachstumskraft, die den Makrokosmos wie den Mikrokosmos des menschlichen Organismus, die Natur wie die Sexualität des Menschen durchwirkt, fasziniert diesen heute wie damals. Hildegards Denken ist von ökologischer Bewusstheit geprägt, die für den heutigen Menschen höchste Aktualität besitzt.

> *Sie ist davon überzeugt, dass es keine Dürrezonen auf der Erde gäbe, wenn sich der Mensch immer wieder mit seiner Quelle der göttlichen Grünkraft verbände. Nur durch die Absonderung des Menschen von der Quelle der Grünkraft und durch die sich daraus ergebenden unheilvollen Entwicklungen werde die Erde immer mehr durch Unfruchtbarkeit gefährdet. Hildegard war überzeugt, dass es nicht einmal der Pflege der Gärten und Felder bedürfe, wenn der Mensch in der ursprünglichen Schöpfungsordnung lebe. Dann vermöchte die Grünkraft alles zu durchpulsen. (…) Vom Konkreten bis hin zum Spirituellen ist nach Hildegards Sicht alles von dieser Kraft durchströmt, einer Keim- und Schöpfungskraft, die zugleich, wie es die Farbenergie Grün immer tut, Ruhe und Gleichgewicht mit sich bringe, eine ausgleichende Kraft.*
>
> (Riedel, 2010, S. 32)

Das Zusammenspiel der Farbkräfte von Rot, wie sie im göttlichen Liebesfeuer erscheint, und von Grün, entsprechend der „viriditas", bewirken für Hildegard die Lebensenergie der Welt. Das Menschen- und Gottesbild Hildegards ist dynamisch und prozessorientiert zu verstehen und führt zwei grundlegende Anschauungen des Mittelalters zu einer Synthese zusammen, nämlich die des symbolischen Lebens und die der Begegnung mit dem inkarnierten Gott in der Erlösergestalt des Jesus Christus.

Seine Wurzeln trägt es in der biblischen Weisheitstradition, in der auch ein weibliches Sprechen von Gott Ausdruck findet. Hildegard fühlt sich von der weiblichen Weisheit inspiriert, in ein Urvertrauen hineinzuwachsen, welches, genährt von der „umarmenden Mutterliebe Gottes", dazu einlädt, Erde und Himmel miteinander in Verbindung zu bringen.

So erscheint Hildegard in ihren letzten Visionen das Grün gleichsam einer göttlichen Gestalt als Frau in einem grünen Seidenmantel, das Kosmosrad von innen her erfüllend. Sie hält zwei unbeschriebene Tafeln in den Händen, die in weißem Licht erstrahlen. Es lässt vermuten, dass Hildegard in ihnen das ungeschriebene Gesetz der Natur selbst aufleuchten sieht.

Die letzte Schau der „Sophia", in der sie einen purpurfarbenen Mantel trägt, kann als das vielleicht eindrucksvollste Bild aus der Kosmosschrift Hildegards, dem liber divinorum operum, angesehen werden. Im Purpur verbinden sich rot und grün zu einer Farbe, wirken tiefster Liebesklang und göttliche Weisheit im Sinne einer weiblichen Kraft, die die Schöpfung liebevoll verbindet, in einer Einheit zusammen.

Franz von Assisi:
Von Leidenschaft geprägte Schöpfungsmystik

Der ehrgeizige, rücksichtslose, nach Profit gierende Kaufmannssohn Franz von Assisi (1181/82-1226)

wird zum Liebhaber der Armut, zum „Poverello"
und zum Visionär einer universalen Geschwister-
lichkeit. Grau OFM schreibt über den radikalen
Vertreter seiner Zeit:

*Freilich ist er nicht, wie man bis weit in dieses Jahr-
hundert gemeint hat, aufgestanden, wie etwa plötzlich
ein strahlender Komet am nächtlichen Sternenhimmel
erscheint. Franziskus steht vielmehr im Zusammenhang mit einer großen religiösen Bewegung, die das
kirchliche Leben des Hochmittelalters aufs tiefste
erschüttert, aber auch sehr lebendig befruchtet und vo-
rangetrieben hat. Auch Franziskus ist ein Kind seiner
Zeit und hat in dieser Zeit sein Leben gelebt und für
diese Zeit „divina inspiratione" sein Werk vollendet.*
(Grau OFM, 1996, S. 46)

Vor allem vier Fragen bedrängen die Kirche und die
Menschen des Hochmittelalters. Es sind dies die
Frage nach der Macht der Kirche, die Frage nach
dem Leben der Kirche, die Frage nach der Lehre der
Kirche und die Frage nach dem Sinn der Kirche.

1181 oder 1182 wird Francesco Bernardone geboren.
Sein Vater kann ihm als reicher Tuchhändler und
Mitglied der feudalen Gesellschaft eine glanzvolle
Karriere als Ritter und Edelmann bieten. Als junger
Mann wird Franziskus häufig zum König der Feste.
Der Franziskanerpater Richard Rohr (1993)
beschreibt ihn als liebenswürdigen Troubadour, der

auf großem Fuße lebt. Er sieht ihn als leidenschaftlichen Italiener, dessen Liebe aus tiefstem Herzen allem Schönen gilt. Mit Anfang 20, nach eineinhalbjähriger Krankheit, empfängt Franziskus so etwas wie einen Initiationsruf.

Der junge Edelmann stellt nun die Politik der herrschenden Gesellschaft auf dem Kopf, indem er sich im Kontext seiner inneren Entwicklung der „Dame Armut" verschreibt. In Franziskus lebenslanger zölibatärer Ehelosigkeit geht es nicht um das Fehlen von Leidenschaft, sondern gerade um Leidenschaftlichkeit, für ihn in seiner lebenslang verbindlichen Liebesaffäre mit der Armut.

Rohr nennt Franziskus einen Heiligen, der das Unterste nach oben kehrt, der statt Stärke die Schwachheit wählt, statt Rechthaberei die Verwundbarkeit, statt Groll und Hass die Liebe. Seine konkrete Begegnung mit den Aussätzigen in einer Leprastation vor Assisi gipfelt in der freien Umarmung eines Aussätzigen. Dahinter kann die vollständige Selbstannahme seiner inneren Schattenanteile vermutet werden, die ihn in eine grenzenlose Offenheit bezogen auf Körper und Seele führt. Sie macht ihn durchsichtig für den Glanz Gottes.

Gegen Ende seines Lebens, als er an einer schweren Augenkrankheit leidet, offenbart sich ihm der Sonnengesang vor seinem inneren Auge. Durch ihn erfährt Franz von Assisi in ganz verdichteter Form die Nähe zu allen Geschöpfen und zu den Urele-

menten, die er alltäglich unter anderem im freund-
schaftlichen Zusammensein mit seinen Brüdern,
mit Klara von Assisi und ihren Schwestern lebt. Als
Freund der Schöpfung, die sich ihm besonders im
armen und entrechteten Leben zeigt, durchbricht er
die Überheblichkeit des damaligen Menschen, der in
allem Materiellen vor allem das Teuflische sah.

Franz von Assisi lebt im Dialog mit der gesamten
Schöpfung, mit Tieren, Pflanzen und Gestirnen.
Der Kapuziner und promovierte Theologe Anton
Rotzetter vergleicht den Franz von Assisi zugeschriebenen Sonnengesang mit einem Geländer, an dem
sich der Mensch festhalten kann, wenn er die Sprache
und Haltung der Geschöpfe erlernen möchte.

Im Folgenden findet sich eine Aufzeichnung des
Sonnengesangs nach Rotzetter:

> *Höchster allmächtiger guter Herr*
> *Dir sei das Lied die Herrlichkeit die Ehre*
> *und aller Segen*
> *Dir allein Höchster kommen sie zu*
> *Kein Mensch ist würdig dich zu nennen*
>
> *Lob sei dir mein Herr*
> *mit deiner ganzen Schöpfung*
> *vor allem mit dem Herrn Bruder Sonne*
> *Er bringt uns den Tag*
> *und spendet uns Licht*
> *Schön ist er und strahlend mit großem Glanz*
> *Von dir Höchster ein Zeichen (...)*

Lob sei dir mein Herr durch Schwester Mond
und die Sterne
Am Himmel formtest du sie
glänzend kostbar und schön (...)

Lob sei dir mein Herr durch Bruder Wind
durch Luft und Wolken
durch heiteres und jedes Wetter
Durch sie gibst du deiner Schöpfung Leben (...)

Lob sei dir mein Herr durch Schwester Wasser
Sehr nützlich ist sie demütig kostbar und rein (...)
Lob sei dir mein Herr durch Bruder Feuer
Durch ihn ist die Nacht erhellt
Schön ist er freundlich kraftvoll und stark (...)

Lob sei Dir mein Herr
durch unsere Schwester Mutter Erde
Sie belebt und lenkt uns
Sie erzeugt viel Früchte
farbige Blumen und Gräser (...)

Lob sei dir mein Herr durch jene
die um deiner Liebe wegen vergeben
und Schwachheit und Not ertragen
Selig die ausharren in Frieden
Du Höchster wirst sie krönen (...)

Lob sein dir mein Herr
durch unsere Schwester den leiblichen Tod
Kein lebendiger Mensch kann ihr entrinnen
Weh denen die in tödlicher Schuld sterben
Selig die sie findet in deinem heiligsten Willen
Der zweite Tod tut ihnen nichts Böses
Lobt und segnet meinen Herrn
Dankt und dient ihm in großer Demut

(Rotzetter, 2001, S. 6 ff.)

Franziskus besondere Liebe zu Klara kann als „imago amore" aufgefasst werden, als konkretes Bild eines geliebten Menschen, das zum Fenster wird für die Liebe Gottes, die allumfassend und alldurchdringend in allem und durch alles begegnet. Ähnlich wie bei Hildegard ist in Franziskus Erleben die ganze Schöpfung von einer göttlichen Kraft durchdrungen, die alle Existenz miteinander verbindet. Daher ist die Schönheit und Güte der stofflichen Welt zu preisen. Sie weckt in ihm eine Grundhaltung ehrfürchtigen Staunens, die ihn zu Machtverzicht in Bezug auf die Schöpfung, zu ökologischer Achtsamkeit und zum Aufstand für das Leben bewegt. Franziskus stirbt auf eigenen Wunsch nackt entblößt auf dem Boden liegend in inniger Verbundenheit seines Körpers mit der lebendigen Erde. Knapp zwei Jahre später bereits wird er von Papst Gregor IX. (1227-1241) dem früheren Kardinal Hugolin, heiliggesprochen.

Unser derzeitiger Papst ist der erste Papst, der Franziskus Namen angenommen hat. In seinem Wirken beruft er sich in besonderer Weise auf den mittelalterlichen Heiligen. Im „Gebet für unsere Erde" aus der Enzyklika „Laudato si" wird seine spirituelle Nähe zu ihm sichtbar. Das Sinnerleben des aktuellen Papstes scheint sich stark auf die Erde und die Existenz alles Lebendigen auf ihr zu beziehen:

*Allmächtiger Gott,
der du in der Weite des Alls gegenwärtig bist
und im kleinsten deiner Geschöpfe,
der du alles, was existiert,
mit deiner Zärtlichkeit umschließt,
gieße uns die Kraft deiner Liebe ein,
damit wir das Leben und die Schönheit hüten.
Überflute uns mit Frieden,
damit wir als Brüder und Schwestern leben
und niemandem schaden.*

*Gott der Armen,
hilf uns,
die Verlassenen und Vergessenen dieser Erde,
die so wertvoll sind in deinen Augen,
zu retten.*

*Heile unser Leben,
damit wir Beschützer der Welt sind
und nicht Räuber,
damit wir Schönheit säen
und nicht Verseuchung und Zerstörung.*

*Rühre die Herzen derer an,
die nur Gewinn suchen
auf Kosten der Armen und der Erde.*

*Lehre uns,
den Wert von allen Dingen zu entdecken
und voll Bewunderung zu betrachten;
zu erkennen, dass wir zutiefst verbunden sind
mit allen Geschöpfen
auf unserem Weg zu deinem unendlichen Licht.*

Danke, dass du alle Tage bei uns bist.
Ermutige uns bitte in unserem Kampf
für Gerechtigkeit, Liebe und Frieden.

(Papst Franziskus, 2015, S. 4 f.)

Dorothee Sölle:
Mit der Schöpfung verbunden

Auch in den Ansätzen der evangelischen Theologin und Literaturwissenschaftlerin Dorothee Sölle (1929-2003) finden sich Bezüge zu Hildegard von Bingen. Darüber hinaus spiegeln ihre Überzeugungen eine Nähe zur Spiritualität Franz von Assisis wider. Stutz bezeichnet Sölle als Mystikerin der „Compassion", der Mitleidenschaftlichkeit.

Sie hat mit ihrem ganzen Sein und Wirken gekämpft für eine sympathischere Welt, in der weder Menschen noch die Schöpfung ausgebeutet werden, und sie hat sich zugleich mit ihrer kraftvoll-poetischen Sprache gewehrt gegen die Illusion eines leidfreien Lebens, das uns echtes Glück verbaut.

(Stutz, 2008, S. 255)

Sölles Wirken ist gekennzeichnet durch kämpferisch politisches Engagement. Mit scharfen Worten prangert sie die Missstände von Rüstungswahn, Weltarmut, Mit- und Umweltzerstörung an. Gegen den Sog der weiter wachsenden Globalisierung, in der das Individuum zunehmend austauschbar zu sein scheint, setzt sie die persönliche Verankerung jedes Menschen in der inneren mystischen Erfahrung. In ihrem Tun bezieht sich Sölle auf das bekannte Gebet Franz von Assisis: „O Herr, mache mich zum Werkzeug Deines Friedens". Ihr Traum vom Werkzeug des Friedens, den sie als politischen Traum mit Blick auf die ganze Erde versteht, bildet die Grundlage für ihr Handeln.

Bezogen auf den christlichen Schöpfungsglauben sieht Sölle (2003) es zum Ersten als notwendig an, Gefühle der Ehrfurcht und des Vertrauens gegenüber der Schöpfung zu erlernen, die wiederum des sprachlichen Ausdrucks bedürfen. Eine Trennung von Schöpfer und Schöpfung hält sie für einen Irrweg. Ihrer Überzeugung nach erkennt der Mensch den Schöpfer in der Schöpfung, sieht er die Transzendenz in der Immanenz. Sölle spricht vom „Kindheitspantheismus", den es nicht auszurotten, sondern zu stärken gilt.

Zum Zweiten ist für sie wesentlich, dass jedes Geschöpf, eingebunden in die Gesetze der Kreatürlichkeit, zugleich eine freie und unabhängige Existenz in sich birgt, die auch zum Bösen fähig ist.

Drittens sieht sie die Schöpfung in sich als gut an. Für sie ist das, was da ist, grundlegend liebens- und lobenswert. Ihrer Ansicht nach hat der Mensch kein Recht, der Materie das Böse zuzuschreiben und die Welt für böse zu halten. Vielmehr gehe es darum, an die Güte der Schöpfung zu glauben.

Sölle sieht das tiefe Vertrauen zu Gott und den Glauben an Gottes gute Schöpfung als Grundlage für eine „ökologische Theologie" an. Unter Schöpfung versteht sie hierbei nicht nur die Natur, sondern weitergehend die Heiligkeit der Erde. Im Blick auf eine „ökologische Theologie" stelle sich als allerwichtigste Frage die, wie der Mensch Vertrauen in die Schöpfergottheit und Ehrfurcht der ursprünglich gemeinten Schöpfung gegenüber leben könne. Sölle vermutet, dass der Mensch von negativen Erfahrungen so überflutet ist, dass er kaum mehr den Bezug zu einem Urvertrauen wiederfinden kann. Anstatt die alltäglichen Katastrophenmeldungen als bloße Informationen abzuhaken, sollte der Mensch zu trauern und zu klagen beginnen in Mitleidenschaft mit der Schöpfung. In Bezug auf Franz von Assisi verfasste Sölle folgendes Gedicht:

Heiliger franziskus
bitt für uns
jetzt und in der phase der entmutigung
dein bruder wasser ist vergiftet
dein bruder feuer kennen die kinder nicht mehr
es meiden uns die vögel

Über dich lächeln sie
päpste und zaren
und die amerikaner kaufen ganz assisi
samt dir
heiliger franziskus
wozu warst du da

In den steinernen vorstädten
sah ich dich herumlaufen
ein hund der im abfall wühlt
selbst den kindern
ist ein plastikauto lieber
als du

Heiliger franziskus
was hast du geändert
wem hast du genützt

Heiliger franziskus
bitt für uns
jetzt und wenn uns das wasser ausgeht
jetzt und wenn uns die luft ausgeht

(Sölle, 2003, S. 130)

Um von einer „Ökologie des Lebens" sprechen zu können, gehört für Sölle das Bedenken der eigenen Sterblichkeit mit hinzu. Sie sieht das Einwilligen in sie als Konsequenz ökologischen Denkens an, die über die Schwärmerei von einer heilen Erde weit hinausreicht.

Ein erster Schritt in Richtung neuer Spiritualität ist für Sölle die Anerkennung der existentiellen Abhängigkeit des Menschen von der Erde, ohne die die Bewahrung der Schöpfung nicht möglich werden wird.

Auf eine einfache Formel gebracht ist die Na-
tur kein Es, kein zu benutzendes Material, das

in der patriarchal gedachten Hierarchie ganz un-
ten steht, sondern ein lebendiges Du. (…)
Es geht um das Hören, Sehen, Riechen, Ertasten
und Wissen, dass wir nicht allein sind, sondern in
der Mitte von anderem Leben leben können. (…)
Eine lebendige Energie, die die Schöpfung durch-
dringt und an der wir Anteil haben, setzt
ein anderes Denken voraus, in dem die gute
Macht gerade andere mit Macht füllt.

(Sölle, 2003, S. 134)

Sölle sieht in ihrem Ansatz eine Parallele zu Hildegard von Bingens „Viriditas". Für sie ist Leben ein nie enden wollendes Geben und Nehmen. Durch den Menschen wird diese Beziehungskraft wirksam. Wo Feigheit und Herzenshärte sich von der Schöpferkraft des Lebens abschneiden, herrscht ihrer Ansicht nach Dürre, „Ariditas".

Sölle lehnt die Unterscheidung der traditionellen theologischen Lehre in Erschaffen, das ausschließlich Gott und Machen als Möglichkeit, die dem Menschen zugeschrieben wird, in dieser Weise ab. In ihren Augen wird so die Gott und Mensch gemeinsame schöpferische Kraft des Lebens verleugnet. Sölle wehrt sich gegen einen Glauben, in dem die Lebendigkeit des Schöpfers an Fülle verliert, wenn der Mensch als Geschöpf ein erfüllteres Leben gewinnt. Vielmehr sieht sie die Entwicklung schöpferischer Fähigkeiten, das Hineinleben in die innere

Freiheit und das damit verbundene Überschreiten eigener Grenzen als Gottwerdung an.

> *Wir werden aufgerufen, an der Schöpfung mitzuarbeiten, die keine vergangene, abgeschlossene Tatsache ist, sondern der Prozess, der unsere eigentliche Zukunft verbürgt. Als „Mit-Schöpfer" nehmen wir teil am Guten der Schöpfung, wenn wir Böses ungeschehen machen. (…) Wir können an der Schöpfung Gottes Anteil haben, wann immer wir die Grundäußerung des menschlichen Daseins – arbeiten und lieben – wahrhaftig vollziehen.*
> (Sölle, 2003, S. 139 f.)

Sölle erinnert daran, dass die Bibel nicht nur von der Beziehung, die Christus als Ebenbild hat, sondern ebenso von der Beziehung zur geschaffenen Welt, zum Kosmos, spricht. Für sie findet die zersplitterte Welt in der Gestalt von Jesus Christus ihren Zusammenhang. Sie lässt den Menschen Sinn erfahren, indem er durch Jesus Christus begreifen lernen kann, dass Gott den Menschen braucht. Schöpfungsspiritualität hat für sie über alles hinaus mit der Fähigkeit zu tun, Schönheit wahrzunehmen. Dabei stehen Wahrnehmen und Wahrheit im Zusammenhang. Das Wahrnehmen des Schönen lässt einen Dialog entstehen, der zur Verlebendigung der Schöpfung beiträgt. Im ästhetischen Sinne ist jeder Mensch für sie ein Animist, der glaubt, dass in allem eine lebendige Seele wohnt. Sölle ruft dem Menschen jenen geheimnisvoll-nahen Gott des

Lebens in Erinnerung, der den Menschen alltäglich träumt. Würde er dies nicht tun, wäre sie gar nicht da. Es geht ihr darum, Gottes Träume mit- und weiterzuträumen. Aus der biblischen Tradition, insbesondere den Psalmen, schöpft sie ihre Widerstandskraft. Für Sölle lebt der Mensch in der beständigen Sehnsucht nach Gottes Reich. Alle seine Bedürfnisse richten sich im Letzten darauf hin und können daher nie ganz gestillt werden. Der damit einhergehende Schmerz fordert den Menschen zum theologisch-politischen Handeln heraus.

> *Es bedeutet, leidenschaftlich Liebende zu sein, verwurzelt im Hier und Jetzt und bewegt von der Sehnsucht nach Gottes Traum einer gerechteren Welt.*
>
> *Es bedeutet, dem Leben zuliebe den Schmerz und den Tod zu integrieren, um in einer grösseren Freiheit das Leben wählen zu können.*
>
> *Sich einzumischen, an das Unmögliche zu glauben, Lebensfreude auszukosten, Sand im Getriebe zu sein und sich zu erinnern, dass wir nie Einzelne sind, sondern immer Teil eines Ganzen.*
>
> (Stutz, 2008, S. 257)

Hinter der Sehnsucht nach Gottes Reich verbirgt sich für Sölle die Sehnsucht des Menschen, ganz zu werden. Je mehr ein Mensch in sich ruht, desto weniger braucht er sich getrieben zu fühlen von Angst, Berechnung, Kontrolle. Ganzwerden geht für Sölle mit intensivem Glücksgefühl einher. Natur, Liebe, Leiden, Gemeinschaft und Freude umfassen die wichtigsten Bereiche, die sie mit Erfahrungen in Verbindung bringt, wie sie aus der mystischen Tradition bekannt sind. Als primären Ort mystischer Erfahrung nennt sie die Natur, in der sich dem Menschen „Orte der Ortlosigkeit" offenbaren können. Riedel beschreibt folgendes Beispiel:

> *Wenn sich auf einmal ein stilles Leuchten über den See legt, ein stilles Leuchten, bis die Dunkelheit ihn aufnimmt, da kann man plötzlich innehalten, und es überkommt einen ein Staunen, in dem die Transparenz des Himmels wie des Wassers auf einmal eine Ahnung von der Transzendenz vermittelt.*
> (Riedel, 2010, S. 151)

Aus derartigen Erfahrungen wächst für Sölle ein anderes Verhältnis zur Erde. Es ist geprägt vom alltäglichen Staunen über den Geschenkcharakter des Lebens. Ein solches Staunen kann zum mystischen Zugang für jeden Menschen werden. Mystik als erfahrungsgemäßen Zugang für jeden Menschen zu verstehen, gehört zu ihren großen Anliegen. Sie plädiert für das Einüben eines einfachen Lebensstils, womit sie das Lassen von Besitz, Ego und Gewalt verbindet. Ihr Versuch ist es, alltäglich zu heilen und zu widerstehen in „Compassion" (Mitleidenschaftlichkeit) für Gerechtigkeit. Stutz bezeichnet Sölle als geerdete Mystikerin, deren Spiritualität davon geprägt sei, Gott zu loben, Gott zu vermissen, in Gott zu leben.

Rudolf Kaiser:
Kontroverser Widerstreit abendländischer und indianischer Weltansichten

Rudolf Kaiser (1990) gilt als Experte für eine indianische Weltanschauung. Er beschäftigt sich mit dem Widerstreit abendländischer und indianischer Weltansichten. Aufgabe des abendländischen Menschen ist es, zu seiner Ganzheit zurückzufinden, die dem in der indianischen Kultur beheimateten Menschen nie verloren gegangen ist. Für Kaiser beginnt der Dualismus nicht erst mit dem Philosophen Descartes (1596-1650). Er liegt bereits in der biblischen Tradition und in der griechischen Antike begründet. Im Gegensatz zum abendländischen Dualismus geschieht das indianische Denken seiner Ansicht nach in sogenannten „Dualitäten". Unter ihnen versteht er nicht ungleichwertige Gegensätze, sondern vielmehr gleichwertige Wirklichkeiten, die sich gegenseitig ergänzen und benötigen.

> *Die Gegensätze streben in der Regel nicht zentrifugal auseinander, schließen und grenzen einander nicht aus. Vielmehr streben (und gehören) sie zentripetal zueinander, ergänzen einander und bilden auf diese Weise zusammen erst ein Ganzes. Anders ausgedrückt: Die Dualitäten werden nicht im Sin-*

ne ihrer Gegensätzlichkeit, sondern im Sinne ihres Zusammengehörens gedeutet; nicht im Sinne ihres Widerspruchs, sondern ihrer schöpferischen Dialektik; nicht im Sinne ihrer Opposition, sondern ihrer Versöhnung und Komplementarität; also im Sinne einer „coincidentia oppositorum". Hinter den Dualitäten steht also das Verständnis einer Einheit der Welt, einer letzten Harmonie des Universums.

(Kaiser, 1990, S. 92)

Die Spaltung, wie sie sich im dualistischen Weltbild findet, scheint den indianischen Kulturen fremd. Vielmehr geht es im indianischen Denken um das Bestreben, eine Balance herzustellen zwischen den lebendigen Polaritäten. Die indianische Weltsicht sieht alles Leben von göttlichem Geist durchwirkt und somit als heilig an. Sie trennt nicht das Profane vom Heiligen, wie es die abendländische Weltsicht offensichtlich tut.

Bei uns wird – abgesehen vom Gedanken der Inkarnation und der Sendung des Geistes – die entschiedene Trennung zwischen dem einen transzendenten und heiligen Gott und der gesamten übrigen un-heiligen Wirklichkeit betont; im traditionellen indianischen Denken dagegen geht das Göttliche mit seinen Kräften, seinen Ausstrahlungen und seinen Wirksamkeiten in die Gesamtheit der kosmischen Wirklichkeit ein und macht so alle Welt zu einer heiligen Welt.

(Kaiser, 1990, S. 126)

Diese ganzheitliche Sichtweise, wie sie sich auch bei den in den vorangehenden Abschnitten beschriebenen Schöpfungsmystikerinnen und -mystikern findet, lässt indianische Menschen ehrfürchtig sein und staunen. Sie begegnen allen Phänomenen des Seins in Achtsamkeit.

Für Kaiser bleibt es weitgehend unerheblich, ob eine solche Denkweise aus Sicht einer dualistisch wissenschaftlichen Weltanschauung als animistisch bezeichnet wird oder nicht. Wichtig ist für ihn, dass es sich hierbei nicht um eine Periode des Denkens, sondern um eine nicht an Zeit gebundene Struktur menschlichen Denkens handelt. Er sieht den Animismus als ausgesprochen lebendige und heute ebenso gültige Anschauung der Wirklichkeit an. Besonders am Animismus ist seiner Ansicht nach, dass Gott immer schon und immer noch auf Erden ist. Im traditionellen indianischen Denken wird die das Universum durchdringende geistige Macht mal unpersönlich, mal als persönliche Gottheit aufgefasst.

Diese einmal mehr pantheistischen, einmal mehr theistischen Konzepte widersprechen sich für den indianischen Menschen nicht. Vielmehr erlebt er sie als sich gegenseitig ergänzende Vorstellungen.

„Ein" Geist durchatmet das ganze Universum und schließt die verschiedenen geistigen Strukturen einzelner Orte und Dinge in sich zusammen. Dabei

*werden dieser geistigen Wesenheit unterschiedliche
Namen gegeben. Am bekanntesten sind wohl die
Benennungen „Lebensspender" bei den Apachen,
„Manitou" bei den Algonquin, „Erdschöpfer" bei
den Papago, „Spender des Atems" bei den Cherokee
oder „Großer-über-die-ganze-Welt-hin-und-her-
Schreitender" (für die Sonne) bei den Kwakiutl.
Zusammengefasst wird dieses geistige Prinzip heute
zumeist als „Großes Geheimnis" oder „Großer Geist"
angesprochen: ein Geist, der in allem atmet und der
alle anderen geistigen Wesenheiten in sich umschließt.*

(Kaiser, 1990, S. 149)

So scheint die Grundhaltung in der traditionell indianischen Kultur von einer stärker universalistischen und ganzheitlichen Gottesvorstellung und Religiosität geprägt als das abendländische Denken. Es trägt in sich eine größere Nähe zur Mystik, zu Innerlichkeit und Spiritualität.

Der indianische Mensch erlebt sich offensichtlich nicht als getrennt von der Natur, sondern als Teil des Ganzen, ähnlich wie wir es in tiefenpsychologischen, tiefenökologischen und den schöpfungsorientierten mystischen Ansätzen finden. Sein Zeitempfinden ist eher statisch. Er lebt stark in der Gegenwart. Ein lineares Zeitempfinden, das von der Vergangenheit über die Gegenwart in die Zukunft hin ausgerichtet ist, scheint ihm fremd. Kosmos und Raum hingegen spielen für den indianischen Menschen eine herausragende Rolle, was damit zusammenhängt, dass er die Vorstellung des Zyklischen nicht nur zeitlich erlebt, sondern ebenso räumlich und sozial. Für den indianischen Menschen ist es weniger wichtig, einen bestimmten Punkt in der geschichtlichen Entwicklung einzunehmen. Viel wichtiger scheint für ihn zu sein, den Ort, den naturgegebenen Raum, in dem er sich befindet, zu kennen. Da der indianische Mensch das ganze Leben als spirituell erfährt, hat sein zeitliches und räumliches Empfinden auch Konsequenzen für seine Religiosität.

> *Im Mittelpunkt der Religionen nordamerikanischer Indianer steht darum nicht das Verhältnis des Menschen zu einem historisch ablaufenden und historisch fassbaren Heilsplan Gottes, sondern das Verhältnis der Menschen zur räumlich geordneten Welt, zur Natur, zum Kosmos.*
>
> (vgl. Kaiser, 1990, S. 116 f.)

Somit erweist sich auch der Begriff „Umwelt" für traditionell indianisches Denken in Kaisers Augen nicht als stimmig. In ihm spiegelt sich ein anthropozentrisches Verständnis, da er den Menschen über die Natur stellt, anstatt ihn teilhaben zu lassen an der Natur.

> *Deshalb passt auch der Begriff „Umwelt" nicht in traditionelles indianisches Denken hinein. Denn dieser Begriff bezieht alle Welt auf den Menschen und deutet sie ausschließlich als seine Um-Welt. Der Begriff ist also im Kern anthropozentrisch und*

deshalb eindeutig abendländisch. Indianer nennen ihn gelegentlich überheblich, da er den Eindruck erwecke, der Mensch sei Herr und nicht Teil der Natur. Was traditionell indianischer Religiosität entspricht, scheinen viel besser folgende Begriffe zu bezeichnen: Mit-Welt, Mit-Geschöpflichkeit und die mit der All-Beseelung verbundenen Begriffe Welt-Bewusstsein, Welt-Frömmigkeit, Welt-Familie, kosmischer Verbund und kosmische Solidarität.

(Kaiser, 1990, S. 71 f.)

Ein solch ganzheitliches Zuwenden und Erleben der kosmischen Wirklichkeit, wie es sich in der traditionell indianischen Grundhaltung findet, befördert weniger die Angst als viel mehr die Freude. Dadurch, dass der indianische Mensch sich mit all den frohen und bitteren Erscheinungen des Lebens im Hier und Jetzt positiv identifiziert, braucht Angst vor der Welt in ihm nicht aufzukommen.

Freudengesang des Tsoai-Tallee

Ich bin eine Feder am hellen Himmel
Ich bin das blaue Pferd das über die Ebene jagt
Ich bin der Fisch der glänzt und
sich im Wasser tummelt
Ich bin der Schatten der einem Kinde folgt
Ich bin das Abendlicht – die Wonne der Wiesen
Ich bin ein Adler der mit dem Winde spielt
Ich bin eine Traube aus strahlenden Tropfen
Ich bin der fernste Stern

Ich bin die Kühle des Morgens
Ich bin das Tosen des Regens
Ich bin das Glitzern auf dem verharschten Schnee
Ich bin die lange Spur des Mondes auf dem See
Ich bin eine Flamme aus vier Farben
Ich bin das Reh dessen Bild sich im Däm-
merlicht des Abends verliert
Ich bin der Winkel im Flug der Wild-
gänse am winterlichen Himmel
Ich bin der Hunger des jungen Wolfes
Ich bin der umfassende Traum dieser Dinge

Verstehst du – ich lebe ich lebe
Ich stehe in guter Beziehung zur Erde
Ich stehe in guter Beziehung zu den Göttern
Ich stehe in guter Beziehung zu allem, was schön ist
Verstehst du – ich lebe
Ich lebe

(Momaday, Scott, 1989,
zitiert nach Kaiser, 1990, S. 171)

7. Auf der Suche nach den Lebenspfaden der Freude

Die mythologischen Bilder der biblischen Schöpfungsgeschichte bieten sich meiner Ansicht nach gut an, um nach vergleichbaren Bildern außerhalb und innerhalb unserer selbst auf die Suche zu gehen. Entgegen den Bildern und Erzählungen von Schöpfungsmythen anderer Kulturen, die manchen in der abendländischen Kultur beheimateten Menschen vielleicht eher fremd vorkommen, rufen die biblischen Bilder Vertrautes in der inneren westlichen Seelenlandschaft wach.

Zu dem, was vielen von uns hierbei vertraut vorkommt, mag auch der Gottesbegriff selbst gehören, der in der abendländischen Kultur und seiner langanhaltenden patriarchalen Geschichte bis heute, so scheint es mir, eine eher männlich geprägte Konnotation behalten hat. In den Bibelzitaten wird er uns mehrfach begegnen. Vielleicht mögen Sie für sich einmal intensiver hinein spüren, welche Bilder, Vorstellungen, Gedanken, Empfindungen hier und jetzt in Ihnen aufsteigen, wenn Sie den Begriff „Gott" meditieren?

Insgesamt kann uns das Einlassen auf die Schöpfungsbilder wieder ein Stück weit mehr in Kontakt bringen mit unserer Lebensfreude. Große Heilige wie Franziskus oder Hildegard von Bingen scheinen von dieser Freude, die den Menschen mit allem Lebendigen verbindet, erfasst gewesen zu sein.

Der Freude wird im zwischenmenschlichen wie im allgemeinen Lebenskontext kein besonders hochstehender Wert beigemessen. Sie gehört zu den Emotionen, die schnell als oberflächlich betrachtet werden. Zugleich trägt sie immer wieder auch das Etikett des Gefährlichen, zum Beispiel wegen seines drohenden Kontrollverlusts in ekstatischen Momenten. Dabei gehört die Freude wie die Angst, wie Trauer, Schmerz, Wut und Hass zu den ureigenen Emotionen des Lebens und des Menschen. Ihr ihre Daseinsberechtigung zu geben, ist ebenso wichtig, wie sie der Angst, der Trauer oder der Wut zu geben. Mit der Freude verwandt sind Aspekte wie Lust, Begeisterung, Euphorie, Ekstase, Inspiration, Kreativität und Hoffnung.

Die Freude kennt ebenso „Schattenpfade" (vgl. Kast, 1991). Da sie zu den „gehobenen Emotionen" (vgl. ebd.) gehört, besteht die Gefahr, mit ihr mehr oder weniger ganz abzuheben, den Boden und mit ihm die Beziehung zur Erde zu verlieren. Das kann vorübergehend gut tun, schön sein, neue schöpferische und transzendente Möglichkeiten eröffnen, solange der Mensch den grundsätzlichen Kontakt zur Erdung in sich trägt. Schwierig wird es, wenn ihm dieser Kontakt abhanden kommt. Dann findet er sich wieder in der Manie, in inflationierten Größenfantasien und ungesundem Narzissmus, die ihm eine echte Bezogenheit zur Erde nicht mehr möglich machen. Problematisch wird es des Weiteren, wenn Freude sich mit Gewalt und Demütigung verbindet, was als Sadismus bezeichnet wird. Auch dieser Schattenpfad spielt vielleicht eine Rolle, wenn es darum geht, die Haltung des Menschen gegenüber der Erde und seinen Umgang mit ihr zu betrachten.

„Achtsames Meditieren" über die Schöpfung

Die folgende Übung schlägt einen Weg vor, sich auf die Suche nach Lebenspfaden der Freude zu begeben. Eine derartige Suchbewegung nimmt auch die dunklen Lebensaspekte mit in den Blick. Anhand von Bildmotiven aus der biblischen Schöpfungsgeschichte und entsprechend formulierten Impulssetzungen geht sie der Frage nach, ob und wie es wohl gehen könnte, sich selbst und allem, was auf dieser Erde und im Kosmos lebt, mehr Freude zu ermöglichen. Der Ausdruck „Achtsames Meditieren" versucht dem Charakter der Übung einen Namen zu geben. In ihm verbindet sich einfaches Verweilen mit konkretem Tun, um zu bewusster Erfahrung zu gelangen.

Der erste Schritt der Übung lädt zum konkreten Lesen der angegebenen Passage aus der biblischen

Schöpfungsgeschichte ein. Das mehrmalige Lesen kann das Bildmotiv, das die jeweilige Passage beschreibt, im Lesenden intensivieren.

Der zweite Schritt setzt Impulse, wo und wie wir konkrete Erfahrungen mit dem jeweiligen Bildmotiv im Außen machen können. Durch die konkrete Erfahrung wird die archetypische Wirkung des Bildes verstärkt angestoßen.

Der dritte Schritt richtet den Blick auf unser äußeres und inneres Abgetrenntsein vom jeweiligen archetypischen Motiv. Durch die konkrete Erfahrung und parallele Reflexion kann dies nach und nach in unser Bewusstsein gelangen.

Der vierte Schritt bietet dem jeweiligen Motiv entsprechend Möglichkeiten an, um mit dem inneren Freudenempfinden im Kontext der Schöpfung von Mensch und Natur in Kontakt zu kommen.

Der fünfte Schritt schließlich schlägt Wege der Weitergabe des jeweils Entdeckten und Erkannten vor. Dabei legt er den Fokus vornehmlich auf die Weitergabe der Emotion der Freude.

Vom Rhythmus des Lebens

Im Anfang schuf Gott Himmel und Erde; die Erde aber war wüst und wirr, Finsternis lag über der Urflut und Gottes Geist schwebte über dem Wasser.

Gott sprach: Es werde Licht. Und es wurde Licht. Gott sah, dass das Licht gut war. Gott schied das Licht von der Finsternis, und Gott nannte das Licht Tag, und die Finsternis nannte er Nacht. Es wurde Abend, und es wurde Morgen: erster Tag.

(Gen 1, 1-5)

Das wechselnde Phänomen von Tag und Nacht beeindruckt vor allem an seinen Übergängen. Jede und jeder wird stimmungsvolle Bilder eines beginnenden Tages und der hereinbrechenden Dämmerung kennen. Für viele wird das Geschehen, wenn wir es vielleicht in einem Urlaub, an einem romantischen Ort einmal wirklich beobachtet haben, mit tiefer Ehrfurcht verbunden sein. Und wahrscheinlich wird auch vielen die Empfindung vertraut sein, dass irgendetwas in der menschlichen Seele angerührt wird, wenn wir einem solchen Geschehen beiwohnen.

Während wir dem Aufgang der Sonne mit Spannung und Erwartung, mit positiver Gestimmtheit, zuschauen, löst ihr Untergang in uns häufig Tendenzen von Melancholie und Angst aus. Viele

Stunden Dunkelheit haben wir nun zu durchleben, bevor es wieder hell werden wird. Die dadurch angestoßene Thematik von Schatten und Licht der Seele möchte ich in diesem Kontext nicht näher handeln. Wichtig scheint mir allerdings das Wissen um ihre immens große Bedeutsamkeit zu sein. Den beständig wechselnden Urrhythmus von Werden und Vergehen können wir ebenso wahrnehmen, wenn wir den Wechsel der Jahreszeiten und die mit ihm einhergehende Veränderung der Natur beobachten. Im Zunehmen und Abnehmen des Mondes begegnet er uns. Als Frauen können wir ihn im achtsamen Umgang mit dem Menstruationszyklus spüren.

Doch statt dass wir uns in diesen Rhythmus des Lebens einzuschwingen versuchen, scheint es eine Neigung im Menschen zu geben, diesen Rhythmus zu verdrängen oder sich seiner bemächtigen zu wollen. Wir haben die Tendenz, hier sehr viel eher auf den Schattenpfaden als auf den Lebenspfaden der Freude zu wandeln. Wir ignorieren den Lebensrhythmus, indem wir versuchen, die Nacht zum Tag zu machen. Wir wollen ihn nicht wahrhaben, wenn wir selbst, unsere Arbeit und alle Dinge immer gleich und starr funktionieren müssen, egal ob Frühling, Sommer, Herbst oder Winter. Wir ignorieren den Lebensrhythmus auch, wenn wir den Unterschied von Neumond oder Vollmond als irrelevant für uns und die Gestaltung des alltäglichen Lebens erachten.

Wir ignorieren ihn, wenn wir mit dem Menstruationszyklus einhergehende Stimmungsschwankungen nicht akzeptieren wollen und sie gewaltsam zu unterdrücken versuchen.

Wie aber können wir Lebenspfaden der Freude auf die Spur kommen, wenn es um das Thema des lebenslangen Einschwingens in die ewigen Rhythmen des Lebens geht? Dazu sei die markante Erfahrung einer 39-jährigen Frau – ich nenne sie hier Roswitha – beschrieben. In den wirklich heißen Sommertagen diesen Jahres konnte Roswitha bei sich um den Höhepunkt des Tages herum jedes Mal eine Art Vorfreude spüren. Denn sie wusste, nun wird es nach und nach wieder etwas kühler werden. Ihr Körper wird bald aufatmen und entspannen können. Und ihre Konzentrationsfähigkeit wird steigen. An eine ähnliche Erfahrung erinnerte sie sich in einer eiskalten Winternacht, als trotz doppelter Decke die Füße im Bett nicht mehr warm werden wollten. Mitten in der Finsternis der Nacht kam plötzlich eine leise Freude in sie, die das Tageslicht und etwas mildere Temperaturen kaum mehr erwarten konnte.

Vorfreude kennen wir vermutlich alle. Oft können wir die Freude auf etwas sogar intensiver erleben und mehr genießen als die Freude über etwas. Vielleicht kann die Konzentration auf die Vorfreude, die jedem Wechsel im ewigen Rhythmus des Lebens ebenso

innewohnt wie Angst, Wut, Trauer eine richtungs-
weisende Spur zu mehr Lebensfreude sein.

Eine solche Vorfreude kann in uns aufkommen,
wenn wir zu einer Haltung finden, mit der wir den
sich ankündigenden Tag willkommen heißen wie
die sich ankündigende Nacht, die ersten Anzeichen
des Übergangs einer Jahreszeit in die nächste, den
voll werdenden und abnehmenden Mond so wie die
unterschiedlichen Phasen, die den Menstruationszyklus bestimmen und sich physisch und psychisch
bei vielen Frauen in irgendeiner Weise bemerkbar
machen. Diese beständig wechselnden Phänomene
gleichsam als Gäste einzuladen, um mit ihnen
zusammen Zeit und Raum zu teilen, können wir
üben.

Wenn die Vorfreude überhand nimmt, kann
es sein, dass wir anschließend eine Enttäuschung
empfinden, weil wir im Vorfeld mehr in die Sache
hinein fantasieren, als die Realität uns zeigt. Ein
gesundes Gespür dafür zu entwickeln, dürfte umgekehrt auch kein all zu großes Problem darstellen.
Denn ein solches wohnt unserem Inneren von
Anfang an inne.

Am Schwierigsten wird es wahrscheinlich sein,
wenn es um den einen großen Bogen von Gebo-
renwerden und Sterben geht, der das menschliche
Leben bestimmt. Doch vielleicht wird es im Laufe
der Zeit möglich werden, in die Anerkennung dieses

ewigen Gesetzes, das ebenso eingebunden ist in den Rhythmus des Lebens, langsam hineinzuwachsen. Möglicherweise beginnt auch seine Akzeptanz mit dem Willkommen heißen und der Vorfreude auf das Neue, das sich in dieser für jeden Menschen anbahnenden Wandlung irgendwann ankündigen wird.

Vom Himmelsgewölbe

> *Dann sprach Gott: Ein Gewölbe entstehe mitten im Wasser und scheide Wasser von Wasser. Gott machte also das Gewölbe und schied das Wasser unterhalb des Gewölbes vom Wasser oberhalb des Gewölbes. So geschah es, und Gott nannte das Gewölbe Himmel. Es wurde Abend, und es wurde Morgen: zweiter Tag.*
>
> (Gen 1, 6-8)

Wer kennt ihn nicht, den Blick in den Himmel? Manchmal ist er flüchtig, manchmal gedankenverloren. Manchmal entspringt er der Verlegenheit, weil wir im Moment nicht wissen, wohin wir unseren Blick sonst richten könnten. Ab und an dient er der Sammlung oder aber der Beruhigung. Er kann Ausdruck der Zerfahrenheit sein oder der Verzweiflung und Leere. Es gibt auch den Blick in den Himmel, der kurz das Wetter checken will. Brauche ich heute einen Schirm oder nicht? Wäre es besser eine Jacke anzuziehen oder kann ich ohne gehen? Wenn wir romantisch veranlagt sind und auch, wenn

wir ab und an ein wenig aus der Welt verschwinden
wollen, schauen wir verträumt und abwesend in den
Himmel. Wollen wir uns entspannen, legen wir uns
gemütlich auf eine Wiese und sehen den ziehenden
Wolken zu. Die dazwischen immer wieder aufschei-
nende tiefblaue Farbe fasziniert uns. Ein Hauch von
Freiheit dringt an unsere Nase. Unser Herz wird
weit. Doch wie intensiv ist unser Blick denn wirklich, wenn wir in den Himmel schauen? Und wie
zweckfrei ist er?

Merkwürdigerweise gönnen wir uns eher selten einen
Himmelsblick, der Faszination und Freiheit in uns
weckt. Offenbar bekommen uns das Wahrnehmen
von Freiheit und Weite nicht all zu gut. Oder wir
trauen uns nicht, etwas davon zu spüren. Stattdessen
schieben wir alles, was uns nicht passt, auf das Wetter.
Wir beschimpfen es und ärgern uns, dass wir dem
Himmelsgewölbe nicht befehlen können, welches
Wetter es heute über uns auszuspannen habe. Seine
Weite gefällt uns nicht, weil es für uns dadurch im
Letzten nicht greifbar ist. Im alltäglichen Leben
leiden wir unter den vielen Dogmen, Regeln und
Gesetzen, denen wir unterworfen sind. Wir haben
Mühe mit Menschen, die über uns Macht ausüben
wollen. Trotzdem versuchen wir mit allen Mitteln,
selbst Macht auszuüben und alles nur Mögliche zu
kontrollieren, sogar die Bewegungen am Himmels-
gewölbe. Hier befinden wir uns einmal wieder auf

den Schattenpfaden der Freude. Denn ein solches Streben weist auf inflationierte Größenfantasien und ein ungesundes Ausmaß an Narzissmus hin. Wir haben den Boden unter den Füßen verloren.

Wie können wir in diesem Falle zu den Lebenspfaden der Freude gelangen und die Erde unter unseren Füßen wieder gewinnen? Vielleicht kann es hilfreich sein, viel öfter einen ausgiebigen und intensiven Blick in den Himmel zu tun als einmal im Jahr an einem entspannten Urlaubstag? Wir brauchen dazu nicht auf der wunderbaren Wiese eines Urlaubsparadieses zu liegen. Wir können uns auch bei uns zu Hause auf einen Stuhl setzen und aus dem Fenster schauen, ohne irgendetwas anderes dabei zu tun, im Sinne eines einfachen Verweilens. Ein solches Verweilen kann dem darin ungeübten Menschen anfangs technisch oder künstlich vorkommen.

Das Ahnen von Freiheit und ein weit werdendes Herz wecken in uns etwas, das ich als Daseinsfreude bezeichnen möchte. Machen können wir sie nicht. Doch wenn wir die Freude über das „Ich bin" wirklich in uns einlassen bzw. aus uns heraus lassen wollen, wenn wir ihr selbst eine Existenzberechtigung geben, wird sie sich während des Schauens irgendwann einstellen. Denn im offenen Raum des Himmels ist alles möglich. Wir sind hier und jetzt da. Und wir sind nicht festgelegt. Das weite Himmelsgewölbe ist wie ein Hinweis auf den Entwicklungsraum, der uns ein Leben lang frei steht. Gleichzeitig schenkt es Geborgenheit und hüllt uns wie ein warmer weiter Mantel ein, einem inniglichen Verbundenheitserleben vergleichbar.

Daseinsfreude weckt die Neugier, uns selbst und das Leben immer weiter erkunden zu wollen. Und sie lässt uns staunen über uns und über die Existenz aller Phänomene des Seins.

Von den Pflanzen und Bäumen

> *Dann sprach Gott: Das Wasser unterhalb des Himmels sammle sich an einem Ort, damit das Trockene sichtbar werde. So geschah es. Das Trockene nannte Gott Land, und das angesammelte Wasser nannte er Meer. Gott sah, dass es gut war. Dann sprach Gott: Das Land lasse junges Grün wachsen, alle Arten von Pflanzen, die Samen tragen, und von Bäumen, die auf der Erde Früchte bringen mit ihrem Samen darin. So geschah es. Das Land brachte junges Grün hervor, alle Arten von Pflanzen, die Samen tragen, alle Arten von Bäumen, die Früchte bringen mit ihrem Samen darin. Gott sah, dass es gut war. Es wurde Abend, und es wurde Morgen: dritter Tag.*
>
> (Gen 1, 9-13)

Die beliebte Wochenendfahrt ins Grüne ist vermutlich allen vertraut. Nach einer arbeitsamen Woche wollen wir grüne Kraft tanken. Unser

Energiespeicher ist aufgebraucht. Im idyllischen Grün der Natur erhoffen wir uns Wiederbelebung der nötigen Kräfte, um die darauf folgende Arbeitswoche gut bestehen zu können. Mit Campingstühlen und Campingtisch, Grillgerät und nostalgischem Kofferradio oder modernem Smartphone fahren wir los, um nach einem grünen Flecken Erde Ausschau zu halten. Haben wir einen Streifen Grün gesichtet, halten wir an und bauen unweit vom Auto entfernt die mitgebrachten Dinge auf. Besonders wichtig scheint die laute Beschallung durch das Radio zu sein. Es lässt sich fragen, ob echte Naturgeräusche so wahrgenommen werden können. Denn neben dem Grillgeruch sehnt sich vielleicht etwas in uns danach, den Atem der Pflanzen und Bäume, den Atem der Erde in uns aufzunehmen. Doch bevor ein intensiveres Sehnen wach zu werden beginnt, packen wir schnell wieder alles ins Auto ein und fahren in unsere Wohnstatt zurück.

Vielleicht sind wir auch von ganz anderer Menschensorte. Wir lieben die schwindelerregenden Höhen der Berge, das steile Abseilen von einer Felswand, das Wandern entlang der rauen See bei peitschendem Wind und Regen und suchen auf diesem Wege immer wieder einmal nach einem abenteuerlichen Event als Ausgleich zum grauen Alltag. Möglicherweise ist die Frage nach einer tatsächlichen Naturverbundenheit auch bei derartigen Aktionen berechtigt. Können wir in solchen Augenblicken wirklich etwas von der grünen Kraftquelle spüren, die uns umgibt, aus der und von der wir alle leben? Ist uns vielleicht doch etwas vom Ahnen um die enge Verwandtschaft unserer selbst mit den Blumen, Bäumen, Pflanzen und das Wissen um ihre Symbolkraft verloren gegangen?

Wissen wir wirklich noch, worum die Menschen der Urkulturen und die Naturvölker wussten und wissen? Manchmal weckt es beinahe den Anschein, als wachse in uns die Angst vor einer möglichen Entwurzelung. Und es lässt sich fragen, ob wir nicht gerade in solchen Momenten, in denen uns die Angst bewusst wird, dazu neigen, uns über die Natur zu erheben, gewissermaßen blind und verzweifelt auf den Schattenpfaden der Freude zu laufen.

Auch hier können wir natürlich überlegen, wie wir mit den Lebenspfaden der Freude und dem tiefen Begreifen, dass die Erde unser Zuhause ist, in Berührung kommen können. Konkrete Erfahrungen in und mit der Natur wie das direkte Anfassen und Bearbeiten der Erde mögen dazu hilfreich sein. Ebenso kann das intensive Wahrnehmen gerade der kleinen Dinge durch alle unsere Sinne zu intensiven Erfahrungen führen. Mal ist es die Blume, die aus dem Asphalt herauswächst und uns beim morgendlichen Spaziergang begegnet. Wir halten an und grüßen sie. Dabei kann es uns fast so vorkommen, als ob sie unseren Gruß erwidere. Oder es sind die Blätter des Baumes vor dem Fenster, die sich tänzerisch zu bewegen beginnen, sobald der Wind hineinfährt. Wir schauen sie lächelnd an und können nahezu den Eindruck gewinnen, als lächelten sie zurück. Die Blume und die Blätter sind wie wir. Es gibt eine Sprache, die wir gemeinsam sprechen.

Wie auch immer der Lebenspfad uns führen mag, das In-Kontakt-Kommen mit der Natur weckt etwas in uns, das ich Gestaltungsfreude nennen möchte. Außerdem wird so etwas wie eine Verantwortungsfreude in uns wach gerufen, uns einsetzen zu wollen für uns selbst, unsere Mitmenschen, die Natur und die Erde im Blick auf eine gute Zukunft.

Von den Lichtern am Himmelsgewölbe

Dann sprach Gott: Lichter sollen am Himmelsgewölbe sein, um Tag und Nacht zu scheiden. Sie sollen Zeichen sein und zur Bestimmung von Festzeiten, von Tagen und Jahren dienen; sie sollen Lichter am Himmelsgewölbe sein, die über die Erde hin leuchten. So geschah es. Gott machte die beiden großen Lichter, das größere, das über den Tag herrscht, das kleinere, das über die Nacht herrscht, auch die Sterne. Gott setzte die Lichter an das Himmelsgewölbe, damit sie über die Erde hin leuchten, über Tag und Nacht herrschen und das Licht von der Finsternis scheiden. Gott sah, dass es gut war. Es wurde Abend, und es wurde Morgen: vierter Tag.
(Gen 1, 14-19)

In den Nachthimmel zu schauen, ist besonders dann faszinierend, wenn wir uns in einer nicht all zu stark künstlich beleuchteten Umgebung befinden und der Himmel möglichst dunkel und klar ist. Dann können wir unendlich viele kleinere und größere Lichter funkeln sehen. Wer sich auskennt, entdeckt zahlreiche Anordnungen, in denen sich die einzelnen Lichter miteinander verbinden. Wem ein solches Betrachten des Nachthimmels weniger vertraut ist, bemerkt vielleicht und vor allem die Fülle der Lichter und ihr Leuchten, mit dem sie sich vom dunklen Nachthimmel abheben. Zwischen all den Lichtern steht der Mond. Mal erscheint er wie eine schmale Sichel am Nachthimmel, mal ist er groß und rund. Dann erinnert er uns möglicherweise an den feurigen Sonnenball des Tages, dessen Licht allerdings wesentlich kräftiger, greller und blendender leuchtet. Das Licht des Mondes ist milchig. Manchmal erscheint es uns silbern glänzend.

Ist es nicht sehr schade, dass die vielen Flugmaschinen, die die Menschen im Laufe der Zeit gebaut haben, dieses Reich der Lichter und seine Atmosphäre zunehmend zu verschmutzen drohen? Denken wir an die Schattenpfade der Freude, können wir auch hier möglicherweise wieder auf eine Freude stoßen, der die Bodenhaftung, die Verwurzelung im Grund der Erde, offensichtlich ein Stück weit verloren gegangen ist.

Und wieder beschäftigt mich die Frage, wie wir
wachsende Lebensfreude ermöglichen können?
Vielleicht mag das intensive Wahrnehmen des
Lichtes in der Dunkelheit und der Ordnung, in der
offenbar alle Lichter zueinander stehen, weiterführen.
Vergleichbar dem Blick in eine Kerze weckt der tiefe
Blick in den Sternenhimmel Klarheit und Hoffnung.
Gerade in Anbetracht der ökologischen Krise kann er
in uns das Vertrauen wachrufen, noch eine Chance
zu bekommen. In der plötzlich so klar erscheinenden
Hoffnung und inneren Gewissheit über das Licht
in allem lebendigen Sein liegt der Keim der Freude
verborgen. Der Blick in den von Lichtern übersäten
Nachthimmel kündigt sie leise und ehrfürchtig an.

Von den Tieren der Wasser und Lüfte

> *Dann sprach Gott: Das Wasser wimmle von leben-*
> *digen Wesen, und Vögel sollen über dem Land am*
> *Himmelsgewölbe dahinfliegen. Gott schuf alle Ar-*
> *ten von großen Seetieren und anderen Lebewesen,*
> *von denen das Wasser wimmelt, und alle Arten von*
> *gefiederten Vögeln. Gott sah, dass es gut war. Gott*
> *segnete sie und sprach: Seid fruchtbar, und ver-*
> *mehrt euch, und bevölkert das Wasser im Meer, und*
> *die Vögel sollen sich auf dem Land vermehren. Es*
> *wurde Abend und es wurde Morgen: fünfter Tag.*
>
> (Gen 1, 20-23)

Das Schauen ins Aquarium, ins schneebedeckte
Vogelhäuschen oder in den kleinen angelegten Teich

hinterm Haus ist uns vertraut. Während wir im Aquarium und im Teich die Wasserblasen blubbern hören und den eigenartigen Geruch des Fischfutters riechen, dringen aus dem Vogelhäuschen, wenn wir Glück haben, zwitschernde und pfeifende Laute an unsere Ohren. Viel ausgeprägter noch kann uns das begegnen beim Spaziergang im Wald oder auf dem Feld. Im Beobachten des Flatterns und Fliegens der kleinen und großen Flugtiere wird die Sehnsucht nach dem eigenen Fliegenwollen in uns geweckt. Sie schließt das Träumen von der grenzenlosen Freiheit und dem glücklichen Lebensspiel mit ein, ähnlich wie das der Blick in das weite Himmelsgewölbe in uns wachzurufen vermag. Allerdings begegnet uns hier ein prall und bunt gefülltes Himmelsgewölbe, während uns das Himmelsgewölbe des Anfangs in erster Linie mit dem leeren Raum der Möglichkeiten in Berührung bringt. Springen wir von einem Sprungbrett ins Wasser, bekommen wir für einen kurzen Moment Ahnung von der fliegenden Freiheit der geflügelten Wesen. Anders und doch ähnlich ist das Empfinden, wenn wir uns im Wasser bewegen. Das kann auf uns eine leichte, freie, weite und vor allem belebende Wirkung ausüben.

Obwohl oder gerade weil wir Sehnsüchte in uns tragen, die den Fähigkeiten der Flug- und Wassertiere nahe kommen, schränken wir die Tiere in ihren Lebensmöglichkeiten ein, berauben sie ihres Lebensraumes, vergiften ihr Lebensumfeld, töten sie und ernähren uns von ihnen. Wir üben Macht und Gewalt auf sie aus, um uns selbst besser zu fühlen. Dabei überschreiten wir die natürlichen Gesetzmäßigkeiten der Evolution. Diese Grenzüberschreitung bekommen wir zunehmend zu spüren. Sie kommt in den vergifteten Nahrungsmitteln zu uns zurück. Und nicht nur in ihnen. Auf den Schattenpfaden der Freude begegnen uns alltäglich immer weniger Vögel, die im Chor singen und ein Konzert geben möchten. Die Fische haben keine Lust mehr, im Wasser zu tanzen. Es beginnt leer und trist zu werden in den Wassern und Lüften. Kein Wunder, dass die depressive Entwicklung auch vor uns nicht Halt macht.

Erneut stellt sich die Frage nach Spuren, um zu mehr Lebensfreude zu gelangen. Eine Möglichkeit kann auch hier das intensive Hinschauen sein. Vielleicht begegnet uns ein Vogel, der singend im Baum sitzt. Wir beobachten, wie sein Schnabel fröhlich auf und zu geht. Oder es fällt uns ein kleiner Vogel auf, der mit noch etwas unsicheren Flugversuchen beschäftigt ist. Vielleicht staunen wir über den großen Wildvogel, der ruhig und sicher durch die Lüfte gleitet.

Ein ähnlich ruhiges sicheres Gleiten können wir auch bei den großen Fischen beobachten, sofern sich uns dafür eine Gelegenheit bietet. Die kleinen Fische im Bach oder im Teich hinterm Haus bewegen sich gerne quirlig und spielerisch. Beim intensiven Verweilen werden wir merken, dass wir uns von den Wasser- und Flugtieren einiges abschauen können. Soweit sie noch von Lebendigkeit erfüllt sind, vermögen sie gerade die spielerische und kreative Lebensseite in uns zu wecken. Starten wir den Versuch, selbst zu tanzen und zu singen, kommt im glücklichen Fall eine Freude in uns auf, die sich bis zur Ausgelassenheit hin steigern kann. Wenn das beim ersten Mal nicht gleich so eintritt, können wir auch das ein wenig üben. Dazu bedarf es allerdings der Offenheit und unserer Erlaubnis für die Emotion der Freude und ihre Kraft.

Von den Tieren und Menschen der Erde

Dann sprach Gott: Das Land bringe alle Arten von lebendigen Wesen hervor, von Vieh, von Kriechtieren und von Tieren des Feldes. So geschah es. Gott machte alle Arten von Tieren des Feldes, alle Arten von Vieh und alle Arten von Kriechtieren auf dem Erdboden. Gott sah, dass es gut war. Dann sprach Gott: Lasst uns Menschen machen als unser Abbild, uns ähnlich. Sie sollen herrschen über die Fische des Meeres, über die Vögel des Himmels, über das Vieh, über die ganze Erde und über alle Kriechtiere auf dem Land. Gott schuf also den Menschen als sein Abbild: als Abbild Gottes schuf er ihn. Als Mann und Frau schuf er sie. Gott segnete sie, und Gott sprach zu ihnen: Seid fruchtbar, und vermehrt euch, bevölkert die Erde, unterwerft sie euch, und herrscht über die Fische des Meeres, über die Vögel des Himmels und über alle Tiere, die sich auf dem Land regen. Dann sprach Gott: Hiermit übergebe ich euch alle Pflanzen auf der ganzen Erde, die Samen tragen, und alle Bäume mit samenhaltigen Früchten. Euch sollen sie zur Nahrung dienen. Allen Tieren des Feldes, allen Vögeln des Himmels und allem, was sich auf der Erde regt, was Lebensatem in sich hat, gebe ich alle grünen Pflanzen zur Nahrung. So geschah es. Gott sah alles an, was er gemacht hatte: Es war sehr gut. Es wurde Abend, und es wurde Morgen: der sechste Tag.

(Gen 1, 24-31)

Die meisten nehmen den Landtieren gegenüber vermutlich ein ambivalentes Verhältnis in sich wahr. Als Haustiere finden wir Hunde, Katzen, Ratten, Mäuse „süß". Wir mögen sie. Sie dienen zum Ersatz für mitmenschliche Beziehungen. Oder sie nehmen darin eine vermittelnde Funktion ein, wenn wir an die vielen Hundebekanntschaften denken. Und sie befriedigen ein Stück weit unsere Macht- und Kontrollwünsche, womit wir uns wieder auf einem Schattenpfad der Freude befinden. Denn die mögliche Freude über das Tier verbindet sich in einem solchen Falle mit sadistischen Tendenzen.

Ungezähmte Mäuse in einem Haus, streunende Katzen, wilde Hunde sind uns meist weniger sympathisch. Während wir das Beobachten eines springenden Rehs oder eines hüpfenden Hasen auf unserem Spaziergangs als ein schönes Erlebnis bezeichnen, ruft die Vorstellung, einem Wildschwein in freier Natur zu begegnen oder gar einem Löwen, eine Mischung aus Faszination und Erschrecken wach. Nach wie vor fällt es uns schwer, die Tiere, insbesondere die Landtiere, nicht nur als mögliche Freunde, sondern als unsere Verwandte zu akzeptieren und sie in unsere Ahnenreihe zu integrieren. Unser gemeinsamer Ursprung ist die Erde.

Eine Achtung gegenüber allem Lebendigen zu entwickeln, bringt uns wieder mit den Lebenspfaden der Freude in Berührung. Als Menschen miteinander zu tanzen und Sport zu treiben, soweit wir das nicht mit Druck und ungesunder Anstrengung tun, kann zur Freude über unsere gemeinsame materielle Herkunft werden. Körperliche Berührung und wohltuende Formen der Sexualität sowie das liebevolle Erkunden des eigenen Körpers vermögen die Lebensfreude zu befördern. Auch das Arbeiten im Garten kann die Lebensfreude in uns wachrufen. Im langsamen barfuß Gehen können wir den tragenden Grund der Erde spüren. Wir sind nicht nur ins Leben geworfen, sondern auch von ihm getragen. Das wirkliche Wahrnehmen dieser Erfahrung kann uns bis in die freudvolle Ekstase hineinführen.

Von Heiliger Ruhe

> *So wurden Himmel und Erde vollendet und ihr ganzes Gefüge. Am siebten Tag vollendete Gott das Werk, das er geschaffen hatte, und er ruhte am siebten Tag, nachdem er sein ganzes Werk vollbracht hatte. Und Gott segnete den siebten Tag und erklärte ihn für heilig: denn an ihm ruhte Gott, nachdem er das ganze Werk der Schöpfung vollendet hatte. Das ist die Entstehungsgeschichte von Himmel und Erde, als sie erschaffen wurden.*
>
> (Gen 2, 1-4a)

Wir genießen es, gemütlich auf dem Sofa zu liegen oder auf einer Parkbank zu sitzen, uns von der Frühjahrssonne bescheinen zu lassen und den eigenen Tagträumen nachzugehen. Gerne nehmen wir eine nette Essenseinladung bei Freunden und Freundinnen wahr. Ab und an tut es gut, sich ein wenig verwöhnen zu lassen und dabei Menschen um uns zu haben, die wir mögen. Manche ziehen sich liebend gerne mit einem Buch an einen ruhigen Ort zurück. Oder sie lauschen der Naturmusik oder einer ausgewählten Musik. Wieder andere suchen die Bewegung, damit sich Seele und Körper entspannen und zur Ruhe kommen können.

Und doch, obwohl wir solche schönen Augenblicke kennen und uns beständig auch nach ihnen sehnen, gönnen wir sie uns so selten, schon gar nicht ausgeprägt. Es sei denn, es ist der offizielle Urlaub ange-

sagt, der für viele allerdings auch bereits so etwas
wie ein Pflichtprogramm darstellt. Wir müssen
weit weg fahren, etwas Nennenswertes erleben und
gleichzeitig intensiv entspannen. Denn am Urlaub-
sende gilt es, etwas vorweisen zu können von dem,
was man macht, weil alle es so machen. In Wahrheit
konnten wir uns kaum erholen, konnten weder in
die Entspannung, noch zur inneren Ruhe finden.
Aus irgendeinem Grund schaffen wir es nicht mehr,
abzuschalten. Auf Hochtouren, unter großem Druck
und mit viel Kraftanstrengung rennen wir fluchtartig
nach vorne durchs Leben. Das Alltagsgeschehen
nehmen wir kaum wahr. Wir haben gar keine Zeit.
Und obendrein sind uns der Blick dafür und die
Fähigkeit dazu immer mehr abhanden gekommen.
Wir freuen uns, wenn man sich offiziell zu freuen
hat. Doch unser Freudenempfinden ist leer und hohl
geworden.

Wie können wir die Fülle der Freude zurück
gewinnen, gerade wenn es um das Maß der Ruhe
geht, das wir brauchen, um gut und gerne unsere
Arbeit zu tun? Mir kommt eine ältere Frau in den
Sinn, die schon lange berentet ist. Sie kann die sieben
Tage der Woche gestalten, wie sie möchte. Und für
sie ist und bleibt der Sonntag heilig. Er ist der Tag,
an dem sie ihre Seele baumeln lässt. Und es ist für sie
der Tag in der Woche, an dem sie „Danke" sagt für
alles, was ihr in der vergangenen Woche und darüber

hinaus in ihrem Leben geschenkt worden ist. Sie braucht den Sonntag, um sich zu entspannen und zu erholen. Sie braucht ihn, um sich zu erinnern. Und sie braucht den Sonntag, um sich selbst immer wieder im Neuen klar darüber zu werden: „Ich bin einzig. Und ich bin so unendlich viel." Möglicherweise beinhaltet ihre Art und Weise, für sich einmal in der Woche einen Ruhetag einzufordern und sich diesen Tag regelmäßig und ohne schlechtes Gewissen zu gönnen, wichtige Impulse auf unserer Suche nach den Lebenspfaden der Freude. Eine stille und dankbare Freude strahlt diese Frau auf mich aus, voll Liebe und Mitgefühl dem Leben gegenüber. Und vielleicht kann es für uns durchaus erstrebenswert sein, irgendwann auch diesen Aspekt der Freude zu entdecken und im Laufe unseres Lebens immer weiter zu verinnerlichen.

Wirkliche Lebensfreude und bewusste Seinsfreude

Wirkliche Lebensfreude, wie ich sie hier bezeichne, ist einfach und gegenwärtig. Sie entspringt der Wahrnehmung dessen, was jetzt im Augenblick ist und der Begegnung mit eben diesem. Dabei schließt sie das Helle wie Dunkle mit ein. Um sich in, ich nenne sie bewusste Seinsfreude, die die innere und äußere Welt miteinander verbindet, weiter wandeln zu können, fragt die frühe Lebensfreude auch nach dem Woher und Wohin, nach dem Warum und

Wozu. Das tut sie allerdings erst im zweiten oder gar dritten Schritt. Trotz aller Lebensangst gibt sie dem Menschen zuerst einmal das wachsende, sichere und Geborgenheit schenkende Empfinden, wirklich da zu sein auf dieser Erde und das ganz ohne jede Bedingung. In ihr steckt die Botschaft: „Ja, ich lebe!" Was sie vom einzelnen Menschen braucht, sind Recht und Erlaubnis, sich in ihm und durch ihn entfalten zu dürfen.

Der Kuss

Wenn jemand dich fragt:
„Wie hat Jesus die Toten lebendig gemacht?"
Dann gib mir in seiner Gegenwart einen Kuss
und sage: „So!"

Rumi, 1207-1273
(Zit. nach: Zink, 2008, S. 342)

8. Schluss

Segen

In meinem Rücken ist Segen bis hin zu den Bergen.
Vor mir ist Segen bis hin zu den Bergen,
unter mir liegt Segen auf der Erde,
über mir wölbt sich Segen bis zum Himmel.

So gehe ich, wenn der Morgen anbricht.
Hinter mir bleibt der Segen, wo immer ich gehe.
Vor mir wartet Segen auf mich, wo immer ich gehe.
Und so gehe ich. Wenn der Tag anbricht, gehe ich.

Von den Navajo, indianisch
(Zit. nach: Zink, 2008, S. 285)

Liebe Leserin und lieber Leser,

ich glaube, was ich in vielen Worten versucht habe auszuführen, lässt sich auch auf wenige beschränken. Denn im Letzten scheint es nicht um viel zu gehen. Zugleich entpuppt sich das Wenige und Einfache häufig als besonders anspruchsvoll. Wir tun uns schwer damit, es wirklich zu begreifen, in unsere Lebenshaltung mit einzubeziehen und in konkretes Handeln umzusetzen. Trotzdem möchte ich das Buch mit der einfachen Version enden lassen. Vielleicht mag sie gerade auch denjenigen, denen es wiederum mühsam vorkam, sich durch die ein wenig komplexeren Ausführungen des Buches zu lesen, eine Möglichkeit schenken, die Quintessenz trotzdem zu erfahren. Ob und was Sie damit machen möchten, überlasse ich natürlich Ihnen.

Ganz wesentlich scheint mir zu sein, dass wir in dem uns geschenkten Körper da sind auf der Erde. Das kann uns mit wirklicher Lebensfreude erfüllen. Wir sind einfach da und das ganz ohne jede Bedingung. Die Erde ist unsere Heimat, aus der wir irgendwann einmal geboren worden sind und in die wir früher oder später wieder eingehen werden. In ihr finden wir die Wurzeln unserer Lebendigkeit, unserer Natur und Natürlichkeit. Ihr und ihren Gesetzmäßigkeiten können wir ur-vertrauen.

Als Mikrokosmen und Mikrouniversen sind wir Teil des Makrokosmos Erde. Aus ihrer Geborgenheit fallen wir nicht heraus. Wenn wir möchten, können wir als unsere Aufgabe ansehen, dem Leben Recht und Erlaubnis zu geben, sich in uns und durch uns entfalten zu dürfen. Wir sind es, die entscheiden, ob wir zum Leben in seiner ganzen Fülle und Komplexität Ja oder Nein sagen wollen. Die Angst vor dem Tod scheint viele vom Entschluss zum Ja abzuhalten. Dabei sind Tod und Vernichtung Teil des Lebens. Wir können ihnen nicht entrinnen, schon gar nicht, indem wir versuchen, uns von ihnen abzutrennen.

Ein anderer Entscheidungsweg, als davonzulaufen und zu verleugnen, ist die Übernahme von Verantwortung für das Leben und die Erde. Dazu bedarf es der Offenheit, vom Leben ergriffen werden zu wollen. Schenken wir ihm Einlass, weckt es in uns die Lebensliebe. Wir fühlen uns verbunden mit aller Kreatur, geben unserem sinnlichen und körperlichen Verlangen Zeit und Raum, suchen nach gestalterischem Ausdruck für seine Schönheit, sein Grauen, seinen Schmerz, fühlen und leiden mit allem Lebendigen.

Unsere Beziehung zu allem ist geprägt von Beachtung und Wertschätzung. Das Fühlen der Lebensliebe ruft in uns tiefe Lebenskraft wach und ein Wissen um die Vergänglichkeit alles Lebendigen. Beide stärken in uns das drängende Bedürfnis und die sichere Überzeugung, unsere ganze Existenz einsetzen zu wollen für die Anforderungen, die das Leben aktuell und künftig an uns stellt. Der ureigenen Berufung nachzugehen, befördert unser lebenskünstlerisches Talent und unsere Zufriedenheit. Wir sind voller Dankbarkeit für das Leben, erfahren uns in unserem Sein und Handeln auf diesem Planeten als sinnvoll und begabt. Insbesondere auch im Blick auf Anfang und Ende verwandelt sich unsere Daseins- und Lebensfreude in bewusste Seinsfreude.

Es ist schon eigenartig, dass wir Menschen offensichtlich die Neigung haben, sehr viel eher nach den Sternen greifen zu wollen, als unsere Erde in die Hand zu nehmen. Wie kann das sein, wo uns die Erde doch allein schon entfernungsmäßig viel näher liegt als die Sterne? Die meisten von uns verbringen ihre ganze Lebenszeit auf ihr. Und doch scheint sie uns viel weiter weg und fremder zu sein als die Sterne am Himmel. Wie können wir wieder zurückfinden in unser sicheres Zuhause? Wie können wir in Erfahrung bringen, wer wir überhaupt sind und warum wir da sind? Und wie finden wir heraus, woher wir einst kamen?

Je älter ich werde, desto mehr scheint mir der Weg dorthin vor allem in uns selbst verborgen zu liegen. Beginnen wir, intensiv und neugierig nach ihm zu suchen, wächst vielleicht die Wahrscheinlichkeit, eines Tages – womöglich, ohne es bewusst zu merken - bei uns zu Hause anzukommen. So wünsche ich Ihnen, dass sich Ihr Weg nach Hause ganz einfach findet.

Ihre Sabine Grumann

Literatur

Bertelsmann Lexikon-Institut (Hrsg., 1992): Das neue Taschenlexikon. Gütersloh: Bertelsmann.

Bibel (1980): Einheitsübersetzung. Altes und Neues Testament. Freiburg, Basel, Wien: Herder.

Biedermann, Hans (1989): Knaurs Lexikon der Symbole. München: DVA.

Brehmer, Christian (2008): Vom Urknall zur Erleuchtung. Die Evolution des Bewusstseins als Ausweg aus der Krise. Petersberg: Via Nova.

Breindl, Ellen (1983): Das große Gesundheitsbuch der Hl. Hildegard von Bingen. Leben und Wirken einer bedeutenden Frau des Glaubens. Ratschläge und Rezepte für ein gesundes Leben. Aschaffenburg: Pattloch.

Dalai Lama, Alt, Franz (2015): Der Appell des Dalai Lama an die Welt. Ethik ist wichtiger als Religion. Wals bei Salzburg (Österreich): Benevento.

De Chardin, Teilhard (1974): Aufstieg zur Einheit. Die Zukunft der menschlichen Evolution. Freiburg, Olten: Walter.

Dieckmann, Hans, Springer, Anne (Hrsg., 1988): Weltzerstörung Selbstzerstörung. Eine tiefenpsychologische Analyse unserer Situation. Olten: Walter.

Eckhart, Meister, Quint, Josef (Hrsg., 1985): Deutsche Predigten und Traktate. München: Hanser.

Eine Welt/Bund (2001): Die Erd-Charta. Berlin: Natur & Umwelt.

Gebser, Jean (1949): Ursprung und Gegenwart. Band I und II. Stuttgart: DVA.

Gemoll, Wilhelm (1979): Griechisch-Deutsches Schul- und Handwörterbuch. Nachdruck von 1954. München, Wien: Freytag, Hölder-Pichler-Tempsky.

Grau OFM, Engelbert (1996): Der heilige Franziskus von Assisi und die Gründung seines Ordens. In: Huber, Mara, Wildermann, Ansgar (Übersetzung aus dem Italienischen): Franz von Assisi. Stuttgart und Zürich: Belser. S.45-90.

Grumann, Sabine (2014): Öffne dem Wunder Dein Ohr. Mit Musik und Tanz dem Fluss des Lebens folgen. Stuttgart: opus magnum.

Grumann, Sabine (2018): Hannas Verwandlung. Von der spirituellen Symbolik des weiblichen Körpers. Stuttgart: opus magnum.

Hark, Helmut (1995): Den Tod annehmen. Unser Umgang mit dem Sterben als Chance der Reifung. München: Kösel.

Ingerman, Sandra (2011): Heilung für Mutter Erde. Wie wir uns und unsere Umwelt verwandeln können. München: Arkana.

Jung, Carl Gustav (2001): Symbole der Wandlung. Gesammelte Werke 5. Sonderauflage. Düsseldorf: Walter.

Jung, Carl Gustav (2006): Zwei Schriften über Analytische Psychologie. Gesammelte Werke 7. Düsseldorf: Walter.

Jung, Carl Gustav (2009): Die Dynamik des Unbewussten. Gesammelte Werke 8. Düsseldorf: Walter.

Jung, Carl Gustav (1976): Die Archetypen und das kollektive Unbewusste. Gesammelte Werke 9/I. Olten: Walter.

Jung, Carl Gustav, Jaffè, Aniela (2005): Erinnerungen Träume Gedanken. Düsseldorf, Zürich: Walter.

Kaiser, Rudolf (1990): Gott schläft im Stein. Indianische und abendländische Weltansichten im Widerstreit. München: Kösel.

Kast, Verena (1991): Freude Inspiration Hoffnung. Olten: Walter.

Kerenyi, Karl (1977): Die Mythologie der Griechen. Band I: Die Götter- und Menschheitsgeschichten. München: DTV.

Kreuder, Pascal (2013): Was ist die Erde wert? Eine kritische Auseinandersetzung mit der Tiefenökologie. Marburg: Tectum.

Küng, Hans (1998): Weltethos für Weltpolitik und Weltwirtschaft. München: Piper.

Küng, Hans (2010): Was ich glaube. München: Piper.

Lissner, Ivar, Rauchwetter, Gerhard (1982): Der Mensch und seine Gottesbilder. Olten: Walter.

Maathai, Wangari (2012): Die Wunden der Schöpfung heilen. Wie wir zu uns selbst finden, wenn wir unsere Erde erneuern. Das Vermächtnis der Friedensnobelpreisträgerin. Freiburg im Breisgau: Herder.

Meyer, Christiane (2013): Landwirtschaft als Kulturaufgabe. Essenzielle Grundlagen von Kulturbewusstsein und Werte-Bildung. In: Haubendorfer, Dorit & Strunz, Inge A. (Hrsg.): Raus auf's Land. Landwirtschaftliche Betriebe als zeitgemäße Erfahrungs- und Lernorte für Kinder und Jugendliche. Baltmannsweiler: Schneider. S.9-33.

Meyer, Christiane (2014): Kulturbewusstsein als Schlüsselkonzept für Bildung und Identität. Zum Potential des Topos. Europäische Städte. Frankfurt am Main: Peter Lang.

Meyer, Christiane (2016): Diercke. Geographie und Musik. Zugänge zu Kultur, Mensch und Raum. Braunschweig: Westermann.

Müller, Lutz (2013): Der Held - Jeder ist dazu geboren. Die universale Heldenreise als Prozess der Selbst-Erfahrung. Stuttgart: opus magnum.

Müller, Lutz (2015): Lebe Dein Bestes. Die Quintessenz der Lebenskunst und Selbst-Verwirklichung. Stuttgart: opus magnum.

Müller, Lutz, Müller, Anette (Hrsg., 2003): Wörterbuch der analytischen Psychologie. Düsseldorf: Walter.

Müller, Lutz, Knoll, Dieter (2012): Ins Innere der Dinge schauen. Selbst-Erfahrung und schöpferisches Leben mit Symbolen. Stuttgart: opus magnum.

Neumann, Erich (1961): Krise und Erneuerung. Zürich: Rhein.

Neumann, Erich (1964): Tiefenpsychologie und neue Ethik. München: Kindler.

Neumann, Erich (1974): Ursprungsgeschichte des Bewusstseins. München: Kindler.

Neumann, Erich (1975): Zur Psychologie des Weiblichen. München: Kindler.

Neumann, Erich (1985): Die „Große Mutter". Eine Phänomenologie des Weiblichen. Gestaltungen des Unbewussten. Olten: Walter.

Obrist, Willi (2006): Die Mutation des europäischen Bewusstseins. Eine Zusammenfassung seines Werks. Stuttgart: opus magnum.

Obrist, Willi (2009a): Religiosität ohne Religion. Stuttgart: opus magnum.

Obrist, Willi (2009b): Tiefenpsychologie und Theologie. Aufbruch in ein integrales Bewusstsein. Stuttgart: opus magnum.

Omphalius, Ruth (1996): Planet des Lebens. Luzern: Motovun Verlagsgesellschaft, Köln: Verlagsgesellschaft.

Papst Franziskus (2015): Gebet für unsere Erde. Aus der Enzyklika „Laudato si". Freiburg i. Br.: Herder.

Riedel, Ingrid (1994): Ikonen der Erde. Von der heilenden Kraft des Gestaltens. Düsseldorf: Walter.

Riedel, Ingrid (2010): Mystik des Herzens. Meisterinnen innerer Freiheit. Freiburg im Breisgau: Kreuz.

Riedel, Ingrid (2013): Nur Bewusstsein kann die Erde retten. Die Relevanz von Bewusstwerdung für Umwelt und Mitwelt. In: Galuska, Joachim, Zundel, Edith (2/2013): Bewusstseinswissenschaften. Transpersonale Psychologie und Psychotherapie. Unabhängige Fachzeitschrift. Petersberg: Via Nova. S.5-14.

Rohr, Richard, Küstenmacher, Marion (1993, Hrsg.): Die Reise nach Assisi. Gemeinschaft der Verwundeten – Erfahrungen mit der radikalen Mystik des Franz von Assisi. München: Claudius.

Rohr, Richard (2012): Reifes Leben. Eine spirituelle Reise. Freiburg im Breisgau: Herder.

Rotzetter, Anton (2001): Grund, aus dem ich lebe. Wenn du beten lernen willst. Eschbach/Markgräflerland: Eschbach.

Seifert, Theodor (1986): Weltentstehung. Die Kraft von tausend Feuern. Zürich: Kreuz.

Skutsch, Franz/Petschenig, Michael (1964): Der kleine Stowasser. Lateinisch=deutsches Schulwörterbuch. München: G. Freytag.

Sölle, Dorothee (2003): Den Rhythmus des Lebens spüren. Inspirierter Alltag. Freiburg im Breisgau: Herder.

Stutz, Pierre (2008): geborgen und frei. Mystik als Lebensstil. München: Kösel.

Timmermann, Tonius (1989): Die Musen der Musik. Stimmig werden mit uns selbst. Zürich: Kreuz.

Wilber, Ken (1995): Eros, Kosmos, Logos. Eine Vision an der Schwelle zum nächsten Jahrtausend. Frankfurt am Main: Krüger.

Wilber, Ken (2007): Integrale Spiritualität. Spirituelle Intelligenz rettet die Welt. München: Kösel.

Zink, Jörg (2008): Entdecken, was uns verbindet. Spirituelle Texte aus allen Religionen der Erde. Stuttgart: Kreuz.

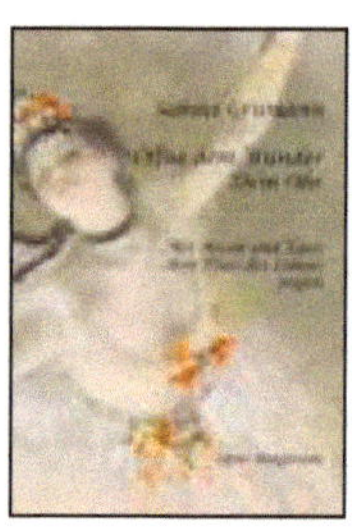

Sabine Grumann
Öffne dem Wunder Dein Ohr
Mit Musik und Tanz dem Fluss des Leben folgen
opus magnum, 264 Seiten, 16,90 €
ISBN-13: 978-3939322498

Das Buch lädt ein zu einer Reise durch das Reich
der Musik und des Tanzes, damit wir immer
mehr eins mit uns selbst und zugleich Teil der
großartigen Symphonie des Lebens werden.

Sabine Grumann
Hannas Verwandlung
Von der spirituellen Symbolik des
weiblichen Körpers
opus magnum, 156 Seiten, 9,99 €
ISBN-13: 978-3956122002

Ein brisanter Traum der jungen Frau Hanna, der
vorwiegend um den weiblichen Körper kreist,
kündigt sich erstaunliche Zukunft für Mensch
und Erde an.

Lutz Müller
Trotzdem ist die Welt ein Rosengarten
Zum Glück des Seins erwachen
und das Wunder des Lebens feiern
opus magnum, 244 Seiten, 16,90 €
ISBN-13: 978-3939322535

Bereits jetzt in diesem Augenblick, so wie wir
gerade sind, haben wir Anteil haben an einem der
unfassbarsten Ereignisse, das sich denken lässt.

Sabine Hertweck
Das Momo-Prinzip
„Geh doch zu Momo!"
opus magnum, 84 Seiten, 9,90 €
ISBN-13: 978-3939322849

Das Momo-Prinzip ist eine Sammlung von
zehn einfachen Weisheiten aus Michael Endes
Märchenroman „Momo", die als Wegbegleiter zur
Meditation und Selbsterfahrung dienen können.